面白いほど
幸運を引き寄せる
「創造力」の磨き方

ほんの小さな心がけひとつで、
あなたの人生は思い通りになる！

水谷友紀子

Yukiko Mizutani

廣済堂出版

まえがき　人生はいくらでも自分の思い通りになる

現在、私は日々たくさんの方々とお会いし、お話をうかがう機会があるのですが、みなさんに対していつも同じような思いを抱いてしまいます。

「本当にもったいないなぁ！　あなたは、あなたが思い込んでいるような、そんなちっぽけな存在なんかじゃ決してないのに」と……。

たぶん、ほとんどの方が本来ご自身の兼ね備えている能力のわずか数十パーセントほどしか発揮していらっしゃらないことでしょう。そもそも自分の中にある「ものすご～い力」の存在にも気づかず、したがってその力の上手な使い方も知る由《よし》もなく、ひたすら予測不可能な人生に日々翻弄され、「思い通りにならない人生」を漂ってしまっているのですから……。

かく言う私も、昔はそんなひとりだったのですが、25年ほど前に偶然（？）にも「引き寄せの法則」に遭遇し、同時に自分が生まれながらに持っていた「創造力」の無限の可能性に気づき、「引き寄せの法則」や「創造力の使い方」を徹底的に研究していくうちに、自分の夢や希望を次々と叶えられるようになりました。

そして、その途上で「そもそも自分をちっぽけな存在にしていたのは自分だったのだ！」ということもわかり、自分の心の中にある「限界」や「制限」もドンドン外していくうちに、いつの間にか「自分の思うがままの人生」を自由自在に創り上げていくことができるようになったのです。

あなたにも「本来あなたは素晴らしい存在であること」に一刻も早く気づいていただき、自分で勝手に作り上げてしまった「限界」や「制限」をさっさと取り払い、あなたが持っている「驚異的な能力」を、ご自身の幸せな人生のために伸び伸びと発揮していただけたらと願い、本書を執筆することにしました。

そして、今まで私がすでに何度も体験してきたように、自分でも「あり得ない！」と思うほどの「奇跡」を引き寄せ、自分の力に驚いてひっくり返ったり、びっくり仰天したりしながら「ご自身の素晴らしさ」をさらに実感し、人生を思う存分に楽しんでいただけたらと思います。
だって、人生はいくらでも「自分の思い通りになる」ものなのですから……。

水谷友紀子

面白いほど幸運を引き寄せる「創造力」の磨き方
目次

Contents

Prologue

プロローグ

「こうなりたい!」と思った瞬間に、すべてのことは叶えられている!

Chapter 1

あなたにもできる！ 創造力を「常識を超えた力」に変える方法

Chapter 2

身のまわりに「奇跡」や「魔法」はいくらだって起こせる！

Chapter 3

こんなに簡単!ほんの一瞬で自分を変える方法

Chapter 4

ほんの小さな心がけひとつで「あり得ない！」ことが本当になる！

Epilogue

エピローグ
あなたの「創造力」で明日はここまで変えられる!

Prologue

プロローグ

「こうなりたい！」と思った
瞬間に、すべてのことは
叶えられている！

私たちは、まるで「魔法を忘れた魔法使い」！

ちょっと古い映画で恐縮なのですが、1992年に日本でも公開された『フック』というアメリカ映画をご存知でしょうか？

スティーヴン・スピルバーグ氏が監督を務め、喜劇俳優の故ロビン・ウィリアムズ氏が主演のファンタジーコメディです。

家庭を顧みることもできないほど超多忙な弁護士である40歳の主人公が、ある日、自分の子どもたちを誘拐されて途方に暮れてしまいます。誘拐犯が残した脅迫状には「フック船長より」という名前が残されており、彼は妻の祖母から突然、「あなたはかつてピーターパンだったのよ！」と告げられるのです。

しかし、昔の記憶など完全になくしてしまい、しかも40歳の中年太りでブヨブヨの自分が、おとぎ話の主人公だとばかり思い込んでいたあの「ピーターパン！」だったなんて主人公にはまったく信じられません。

そんな時、妖精のティンカーベルが現れ、彼はティンカーベルに連れられて、さらわれてしまった我が子たちを救うためにネバーランドへと向かうのです。そして、次第に自分の記憶やかつて持っていた能力を取り戻していき、ついには誘拐された娘と息子をフック船長の手から無事に救い出すというお話です。

私はこの映画が大好きで、すでに何度も映画館やＤＶＤで観ているのですが、観るたびに「この主人公って、まるで私たちとそっくりだなぁ！」と、いつも微笑ましく思ってしまうのです。

なぜなら、この映画の主人公は「自分がピーターパンだったということをすっかり忘れてしまったおじさん」ですが、私たち人間というものも、私からすると「自分が魔法使いであるってことをすっかり忘れてしまった魔法使いたち」に見えるものですから……（笑）。

でも、この映画の主人公と私たちの決定的な違いは、映画の主人公は徐々にかつてのピーターパンだった頃の自分を思い出し、その能力を劇的に回復させていったのに対し、**私たちはいまだに自分が「魔法使い」だということにさえ気づかず、相変わらず「ただの人」と思い込んでいるために、したがってその「魔法」をまったく自分のために使いこなせていない**という点です。

人間というものは、本当はすっごい存在なのですよ！

「ピーターパンだの魔法使いだのって、いったい今からおとぎ話の教室でも始まるの？」なーんて早合点しないでくださいね（笑）。私はこれから「私たちの本当の現実」について、じっくりお話ししようと思っているだけなのですから……。でも、本当の現実を知れば知るほど、普通の方々から見れば「おとぎ話」に限りなく近いものがあるかもしれません。

後《のち》ほどじっくりご説明しますが、**実は、私たち人間というものは「自分の人生を自分の思い通りに創り上げる能力」を、すでに生まれながらに兼ね備えています。**その能力というのが、すべての人の中にあり、すでに毎日私たちが無意識に使っている「創造力（思考、イメージ、感情）」です。

そして、私たちが日々山のように発信しているこの「創造力」は、「引き寄せの法則」と呼ばれている一定の法則の下で次々と「現実化」され、それが「私たちの日々の出来事」となって返ってきます。そして、この一連の繰り返しを、私たちは「人生」と呼んでいるわけです。

「ちょっと、今、自分の人生を自分の思い通りにできるって言いませんでした？　この世の中の圧倒的多数の人が『人生なんて、思い通りになるわけない』って感じてると思いますけど……？」と、あなたはおっしゃるかもしれません。そう、確かに多くの方が自分の思った通りの人生を歩まれているとは言い難い現状ですよね？

でも、それには明確な理由があります。それは、多くのみなさんが「そもそも自分が魔法使いのようなすっごい存在として生まれた」ことさえ知らず、「自分の創造力の魔法のような力」にもまったく気づいておらず、その魔法のような力が現実となって返ってくるしくみ、つまり「引き寄せの法則」というものもほとんど理解していらっしゃらないからなのです。

そして、これは先ほどの映画『フック』の主人公とまったく同じなのですが、自分で気づかない限りは、つまり自分を「ただの人」だと思い込んで魔法使いだとはちっとも信じられない間は、たとえ驚異的な能力をそもそも持っていたとしても、それを意識的に自分の思った通りに使いこなすことなど難しいからです。そもそも自分で「ない！」と信じ込んでいる力など、いくら発揮しようと思っても発揮できないものでしょう？

しかも、望みはすぐに叶えられているのです！

さて、ここまでお読みいただいて、「なんだかよくわからないけど、私って本当はひょっとしたら魔法を忘れた魔法使いなのかしら？　でも、人生が思い通りになるなら、それならそれでちょっとうれしいかも？」と思っていただけましたか（笑）？　ではここで、もうひとつ、みなさんにビックリしていただきましょう。

先ほどからお話ししている映画『フック』の中で、私のとってもお気に入りの場面があります。それは、「空を飛ぶ練習」を散々やって、クタクタに疲れたおじさんのピーターパンが、ネバーランドの仲間の子どもたちと一緒に食事をするシーンです。

大きなテーブルの上にはなにひとつ料理など並んでいないのに、子どもたちはそれはそれは美味しそうにムシャムシャとなにかに喰らいついている「フリ」をしています。そして、子どもたちはおじさんのピーターパンに「美味しいから早く食べろ、食べろ！」と勧めるのです。

40歳のピーターパンも子どもたちの真似をして「食べているフリ」を一応してみますが、やっぱりな～んにも起こりません。すると、ひとりの子どもが彼にこう言うのです。「イメージしろ！　自分の想像力を働かせろ！」と……。すると、なんと、テーブルの上には豪華なご馳走が山のように並んでいるではありませんか！　そして、おじさんのピーターパンは、子どもたちが「食べているフリ」をしていたわけではなく本当に食べていたことを知り、彼もようやく食事にありつけたのでした。

ここで私がなにを言いたかったのかと言うと、この映画の私のお気に入りのワンシーンのように**「実は、私たちがなにかを望んだ瞬間、本当はすぐに、それは叶えられているんですよ！」**ということです。ただ、私たち人間の側の「受け取る能力」の問題で、自分の望みを実際に受け取るまでには時間がかかってしまったり、時には見逃してしまったり、あるいは自分自身で受け取る邪魔をしてしまっているだけなのだということ。

今までの人生の中で、私はなにかを思った瞬間に「それ」が現実化するという体験を何度かしていますが、でも実際、みなさんの身の上に同じことが起こったら、ほとんどの方は驚いて泡を吹いちゃうでしょう。それはきっと、私たちの「創造力」をいちいち現実化してくれている「宇宙」が、そういうところまでも考慮してくれて、私たちが決して驚かないくらいの時間をかけて望みを届けてくれているからだと思います。

さあ、なんだかワクワクドキドキしてきませんでしたか？　それでは今から「私たちの本当の現実を知る」という、人生でもっとも深く、楽しく、スリリングな探検に私と一緒に出かけましょう！

そして、その中で**「私たちは本当にそもそも魔法使いのような素晴らしい存在として生まれたこと」、「魔法のような力（創造力）とその正しく賢い使い方」、「魔法のような力を現実化してくれる法則（引き寄せの法則）」、「魔法使いのように自分の思うがままに自由自在に生きる方法」**などなど、たくさんのことを探究・発見していきましょう！

Chapter 1

あなたにもできる！
創造力を「常識を超えた力」
に変える方法

「創造力」……この驚くべき、偉大なる能力！

先日、大阪のユニバーサル・スタジオ・ジャパンに初めて行ってきました。

20数年前、まだ私がアメリカに住んでいた頃、一度、ロスにあるユニバーサル・スタジオ・ハリウッドを訪れたことがあったので、大変失礼ながらUSJにはあまり興味が湧かなかったのですが、今回は確固たる目的ができてしまったため行くことにしたのです。ハリー・ポッター好きの私のその目的はと言うと、もちろん「The Wizarding World of Harry Potter」を体験しに行くためです（笑）！

いきなり余談になりますが、実は「The Wizarding World of Harry Potter」なるテーマパークが「どうやらフロリダに存在しているらしい」と知ったのは、まだ昨年のことだったのですが、以来、私はことあるごとに友人たちに「ハリー・ポッターのテーマパーク行こう！　行こう！」と話していたのでした。すると、それから間もなくして大阪のUSJにまさに「それがくる！」というニュースが飛び込んできたではありませんか！

それを聞いた瞬間、私はどう思ったと思います？　「あっら〜！　私ったら本当にすごいわ、すごいわ！　ハリー・ポッターのテーマパークに行きたいと思ってたら、向こうのほうからご丁寧にすぐ近くにまできてくれちゃったわ！　わざわざフロリダまで行かなくてもいいのよ！　すっご〜い！　私ったらまた素晴らしいもの引き寄せちゃったわ！」と……（笑）。

なんてったって私は自分が「魔法使いのような存在」であるということと、「魔法の正しく賢い使い方」を知っていますから、「自分が望んだことはちゃ〜んと叶う！」という経験をすでに数え切れないほどしています。だからこそ今回の件も「私が引き寄せたんだ！」と自分で勝手に解釈して、ひとりで大はしゃぎしていたわけです。

まあ、実際、今回の件は私ひとりの思いだけでなく、日本中の多くのみなさんがハリー・ポッターのテーマパークへの熱烈なる思いを出されたがゆえに、その結果として日本にもこれが上陸したのだと思いますが……（笑）。

ところで、USJに向かう途中、私はしきりにこんなことを考えていました。「そもそもハリー・ポッターという物語は、J・K・ローリングというたったひとりの女性の創造力から生まれたものよね？　それをまず彼女が文章で表現し、次にそれが『本』という多くの人々が読んで空想することのできる形となり、そして、今度はそれが『映画』という私たちが目や耳で楽しみ、感動できる形になって、そして、ついには『テーマパーク』というまるで映画の中の様々なシーンを実際に体験できるような現実的で圧倒的なスケールの形になっていき……。たったひとりの人の創造力から生まれたものが、最終的にはこんなにも壮大な形に花開いていって、しかも何億もの人々を楽しませることができるなんて、本当に本当にすっごいことだなぁ～！　まるで人間の持つ『創造力の無限の可能性』を思いっきり私たちに見せてくれてるみたい」と……。

そして、「The Wizarding World of Harry Potter」というテーマパークの壮大さを実際にこの身体で感じ、ホグワーツ城の壁に掲げてある肖像画たちがペラペラ喋っているところをこの目でしっかり確かめ、ハリー・ポッターと一緒に「空を飛ぶ」というアトラクションをキャーキャー叫びながら体験しては、ますます人間の持つ「創造力の偉大さ」に敬意を表さずにはいられない気持ちになりました。

J・K・ローリングというひとりの女性から始まった創造力と、やがてそれが本、映画、そしてテーマパークへと進んでいく中での様々な人々とのコラボレーションにより生まれた創造力まで、実に多くの方々の創造力の結晶を目にした気がしたからです。

でも、創造力の偉大なる結晶といえば、なにも「The Wizarding World of Harry Potter」やUSJだけに限った話ではありませんよね？　みなさんとってもよくご存じのように、ディズニーランドもウォルト・ディズニーというたったひとりの人物の創造力から始まったものですし、世界中を見渡してみれば、誰かひとりの創造力から想像を絶する結果や壮大な果実となったものはきっと数限りなく存在することでしょう。

つまり、何億もの人々を楽しませたり、喜ばせたり、熱狂させたりできるほどの素晴らしい「創造力」を、さらには、まさに「ワールド」と呼ぶにふさわしいほどの圧倒的で独特の世界を創り上げてしまうほどの凄まじい「創造力」を、実は私たち一人ひとりがみんな生まれながらに持っているのだということです。こうしてあらためて考えてみると、「創造力」って本当にものすご～いものだとは思いませんか？

まずは、あなたの中にも潜んでいるこの「偉大なる創造力の持つ無限の可能性」について、一度じっくりじ～っくり思いを馳せてみましょう！　これから順を追ってお話ししていきますが、**あなたの持っているすべてのものの中で、もっとも最大最強の武器であり、もっとも大切な宝物、そして「まさに魔法のような驚異的な力」を発揮してくれるもの、それが「あなたの創造力」に他ならない**のですから……。

今ある現実は、実はすべてあなたの「創造力」が創り出したもの

誰かの心の中にある「創造力（思考、イメージ、感情）」という目に見えないものから始まったものが、本や映画やテーマパークといった「私たちの目に見える形」になって、つまり「現実」として実感できるものとなって私たちの人生の中に現れてきているのだということはすでにご理解いただけたことと思います。

J・K・ローリングというひとりの人間の心の中にあった最初は誰も目にすることができなかった「架空のストーリー」＝「彼女の創造力」が「原因」となって、ハリー・ポッターという本、映画、テーマパークという現実的で偉大な「結果」を創り上げたのです。

実は、私たちの人生というものも、ある意味、いつもこのようにしてできあがっているのです。どういうことかご説明すると、**あなたの心の中にある「創造力」という目に見えないものが常に「原因」となって、あなたの人生の中で起こる出来事、つまり「あなたの現実」という目に見える形の「結果」になって、次から次へとあなたの元に返ってきてい**

るのですよということです。つまり、「自分の人生の出来事とは、物質化した自分の創造力」と言い換えても過言ではありません。

「そんなバカな！　だって人生には自分の思いも寄らぬような突発的な出来事が起こることがあるじゃない、たとえば不慮の事故とか病気とか……。それも自分が原因だって言うわけ？」と、あなたは反論されるかもしれませんが、私からすれば、そうおっしゃるのは単にあなたがまだ「観察不足」なだけ……。自分の心の中にある思考、イメージ、感情を日々じ〜っくり観察し、その上で自分の人生に起こってくる出来事を見てみると、「原因」と「結果」の密接な関連性がよくわかってくるものです。

こんな体験をしたことはありませんか？　しばらく会っていない友人のことをふと思い出し、「そういえば、A子ちゃん元気にしてるかしら？」などと考えていると、その日のうちに携帯が鳴り、なんとA子ちゃんから「久しぶり！　元気？」とメールが入っていて驚いたとか、「なんだか急にプリンが食べたくなっちゃったなぁ？」などと思いながら帰宅すると、「お帰り！　今日ね、突然、叔母さんが来てお土産にプリン持ってきてくれたわよ！」とお母さんから告げられ、一瞬「えっ？　ホントに？」とビックリしちゃったとか……。

「まあ、確かに時にはそんなことも起こるけど、それって単なる偶然じゃないの？」という、みなさんからの次なる声が聞こえてきそうですね（笑）。そう、多くの方がこのような出来事をいつも「単なる偶然」と片付けて、さっさと忘れてしまうがために「原因」と「結果」、つまり「あなたの創造力」と「あなたの人生の出来事」の関係にまったく気づかずに通りすぎてしまうのです。

また、人は一日のうち6万ものことを思ったり考えたりしているようです。けれども、私たちは自分が毎日こんなにも膨大な数のものごとを考えていることにさえ気づかず、ましてやその6万もの「思い」「考え」「イメージ」「感情」をいちいち全部覚えている方などまずいらっしゃらないことでしょう。つまり、**自分の心が発信しているもの（つまり「原因」）を「そもそも自分でもほとんどわかっていない」という状態に陥《おちい》っているのです。そのために「その後の出来事（つまり「結果」）を見ても、その結びつきがまったく見えません。**

しかも、自分の「創造力（思考、イメージ、感情）」という「原因」を発信してから、それがなんらかの「出来事」という「結果」となって自分の人生に戻ってくるまでには、多くの場合「タイムラグ（時間差）」があります。

プロローグでも少し触れましたが、自分が「なにか」を思った瞬間に「それ」が目の前に突然現れでもしたら、人は「自分の思っていることは、瞬く間に現実になるんだ！」と気づくことと思いますが、実際には少なくとも数時間後とか、数日後とか、あるいは数週間後とか「結果」が遅れてくるために、その間に自分の出した「思い」や「考え」のことなどすっかり忘れてしまい、これまた「原因」と「結果」の結びつきにほとんど気づくことができないのでしょう。

もうひとつ、私たちが「自分の創造力が自分の現実を創り上げている」ことを認識しにくい理由は、たとえば先ほど例に挙げたように「A子ちゃんのことを考えたら、A子ちゃんからメールがきた」というような場合には、「そうよね、私は確かにA子ちゃんのことを考えたわ！　そうか、それが原因か！」と思えるのですが、たとえば、もし、あなたが「悲しい」という思いを出した場合、それがあなたの人生に「その後、どんな形の出来事として返ってくるのか？」ということがはっきりわからない場合がままあるからです。

私に予測できるのは、「あなたが悲しい思いを出したならば、きっと、あなたがさらに悲しい思いをするような出来事、たとえば彼氏に突然冷たい態度をとられるとか、大切にしていた物を失《な》くしてしまうとか、なにかしらこんな形の出来事となって返ってくることでしょう」ということくらいです。

つまり、時には、あなたの出した「創造力」つまり「原因」と、それによって「その後、あなたの人生で起こる出来事」つまり「結果」がダイレクトにはっきり結びつかないこともあるため、それが「自分の創造力が自分の現実を創り上げている」ことを実感しにくくしているのでしょう。

私たちは「運・不運」に左右されるようなちっぽけな存在なんかじゃない！

さて、ここまでお読みいただいて、私たちの持つ「創造力」こそが、実はそもそも魔法のような驚異的な力を発揮してくれるもので、その「創造力」が「原因」となって私たちの「人生の出来事」つまり「結果」という形になって戻ってきているのだということは、少なくとも頭ではご理解いただけたことでしょう。

では、そもそも、なぜ私たちの「人生のしくみ」がこのようになっているのかというと、そこには「ある一定の法則」が存在しているからです。この「私たちの創造力を現実化してくれる法則」は、**「引き寄せの法則」**と呼ばれています。

「引き寄せの法則」とは、簡単に言うと「あなたの思考、イメージ、感情は、いつも現実化しているのですよ」ということなのですが、別の言い方をすれば「あなたにとって都合の良いことを思えば、都合の良いことが起こり、あなたにとって都合の悪いことを思えば、都合の悪いことが起こりますよ」という法則です。つまり、もっと端的に言えば、**今までのあなたの人生は、すべてこの「引き寄せの法則」によって司《つかさど》られていたのであり、あなたの人生で今まで起こってきたことは、すべて「あなたの心の中にあった創造力（思考、イメージ、感情）の反映だったんですよ！」**ということ。

子どもの頃から「自分の思ったことが、なぜか不思議と実現する」という経験を何度か繰り返していたので、「目に見えない世界には、なにかがありそうだな？　それはいったいなんなんだろう？」と薄々感じてはいたのですが、私が初めてこの「引き寄せの法則」らしきものの存在を本で偶然に（？）見つけたのは、今から25年ほど前のことでした。

そして、その本にしたがって、当時の自分にとっての大切な夢を自分の「創造力」を使ってさっそくイメージしてみたのです。すると、「パートナー、アメリカ留学、１００万円」という、その頃の私にとってはすべて「遥か遠くにある夢のまた夢」だと思っていたものが、次から次へと芋づる式に現実化し、イメージしてからわずか7か月後には３つの夢がすべて叶い、私は「あっ」という間に足を踏み入れたこともなかったアメリカの大地に立ってしまっていたのです。

この時の一連の「奇跡」のような体験で、一番ビックリ仰天したのはまぎれもなく私自身でした。「人間って奇跡や魔法がいとも簡単に起こせるような、本当はものすごい存在なのかもしれない！　私たちの創造力って果てしない可能性を秘めているのかも?!」。そう直感した私は、そこからこの「引き寄せの法則」や「創造力」などについて、自分自身と自分の人生を実験材料にしながら独自に研究を始めたのでした。

そして、それから現在に至るまで、大なり小なりの「奇跡」や「魔法」を山のように引き寄せ、その都度、自分の中の「創造力」という魔法のような力の威力にひっくり返ったり、驚いたり、ゲラゲラ笑ったりしながら、夢や希望を次々と叶えてきたのです。

今思えば、「引き寄せの法則」に遭遇するまでの私は、「なにをどうすれば自分の夢や希望が叶うのか?」などさっぱりわからずに、ただ闇雲に人生をさ迷い、もがき苦しむ毎日でした。きっとまだ多くのみなさんも昔の私と同じように、偶然の「運・不運」とか「運命」などといった漠然としたものに相変わらず振りまわされ、右往左往していらっしゃることでしょう。

でも、**「本当の現実を知る」ということは、まるで「人生の明確なルール」を手に入れ**

るようなものなのです。だからこそ「引き寄せの法則」を知り始めた私は、そのルールを理解し、そのルールに則《そ》っていったがゆえに、自分の人生を自らが望む方向へとドンドン創り変えていけたわけです。

もう少しわかりやすくご説明すると、たとえて言うなら、誰かに「この三角形の面積を出せ」と言われたとしても、もし私が三角形の面積を求める「公式」を知らなければ、ましてや、その公式の存在すら知らなければ「どうやってそんなものがわかるのか？」と頭を抱え込み、一生かかってもその答えを出すことができないかもしれません。でも、「法則」つまり三角形の面積を求める公式さえ知っていれば、ものの30秒もあれば簡単に答えは出せるハズですよね。

つまり、私が言いたいのは、「法則を知っている」のと「法則を知らない」のとでは、これくらいの違いがありますよということ。しかも「引き寄せの法則」は、たかが三角形の面積を求める公式の類《たぐい》などではなく、「あなたの大切な全人生を司っている法則」なのですから、これを知っているのと知らないのとでは、人生が雲泥《うんでい》の差になってしまうことは明らかです。

でも、兎にも角にも、**私たちの人生が偶然の「運・不運」とか「運命」などといったい**

つも不確実で曖昧《あいまい》なものに振りまわされていたわけではなく、「引き寄せの法則」という秩序正しい「法則」に司られていたのだということは、これはもう「吉報」以外のなにものでもないでしょう?

だって、あとは私たちがその「法則」をきちんと理解し、その「法則」を自分の思うような方向に活《い》かしていけば、いくらだって自分の望んだ通りの人生を築き上げていくことができるってことなんですから……。ねっ? 私たち人間というのは、偶然の「運・不運」なんてものに左右されるような、そんなちっぽけな存在なんかじゃないんですよ!

すでにあなたは「引き寄せの法則」を毎日使っている!

さて、あなたが好むと好まざるとに関わらず、すでにあなたは毎日この目に見えない「引き寄せの法則」を使っています。先ほどお話ししたように、あなたは一日に6万もの創造力(思考、イメージ、感情)を発信しているわけで、あなたが「なにか」を思ったり、考えたりするたびに「引き寄せの法則」が必然的に稼働し、そしてあなたの人生の中に起きる「出来事」を刻一刻と創り上げていくからです。

「引き寄せの法則」は、地球上のどこででも働いていて、私たちが「創造力」を働かせている間中、つまり眠っている時間以外は常に私たちのまわりで働いています。そして、これは「法則」ですから、「気に入らない！」「使いこなせない！」などという理由で、あなたがいくら止めようと躍起になってみたところで、止めることなど決してできません。

つまり、**現在のあなたがいくつであれ、すでにあなたはウン十年もの長い間、知らず知らずのうちに「引き寄せの法則」を毎日使ってきていた**のだということです。ただ、今まではでは「引き寄せの法則」の存在も知らず、また「引き寄せの法則」が作動する「原因」となるものが、あなたの「創造力」で、その「結果」が「自分の人生に起こる出来事」であることになどまったく気づかなかっただけなのです。

言い換えれば、**今までの長い人生の中で、あなたにとって都合の良い出来事も、また都合の悪い出来事も起こってきたこととは思いますが、そんな良いことも悪いことも全部ひっくるめて、「すべてはあなたの創造力（思考、イメージ、感情）が原因だったのですよ！」ということ**です。そして、時には自分の夢や希望が実現したこともあったでしょうけれど、多くの場合、あなたのその魔法のような力を、あなたが自分の望む方向に使うことを知らなかったがために、自分にとって都合の悪い出来事も人生の中で発生してきてしまったのだということです。

ちょっとここで「あなたの創造力」から始まって、それが「現実化」するまでの「引き寄せの仕組み」を簡単にご説明しましょう。まず、私たちは普段、自分の「顕在意識（表層意識）」というところで「なにか」を思ったり考えたりしています。そして、今度は「それ」が自分の「潜在意識（無意識）」に伝わってしまうのです。

さて、ここからがすごい話なのですが、**私たち一人ひとりの「潜在意識」は、実は「宇宙」に直結しています。**私だけの潜在意識が宇宙に繋がっているのではなく、すべての人の潜在意識が宇宙に繋がっているのです。そのため、「潜在意識」に届いたあなたの思いは、今度は必然的に「宇宙」に届きます。

そして、ここから先は私にもなにがどうなっているのかはさっぱりわかりませんが、あなたの「潜在意識」からあなたの思いを受け取った「宇宙」が、「あなたが出した思いに見合ったようなもの」を形にしてくれて、それをなんらかの「出来事」という「現実」にして、あなたの元へと返してきてくれるのです。「引き寄せの法則」の下、これら一連の動きが毎日毎日何度も何度も繰り返され、そして、起こった出来事の積み重ねのことを私たちは「人生」と呼んでいるわけです。

ここで特に覚えておいていただきたいのは、**「あなたの出した創造力（思考、イメージ、感情）の質」と「それによってあなたの人生に起こる出来事の質」は、「いつも同じようなものになる」**ということです。

先ほど「引き寄せの法則」を別の表現で説明すると、「あなたにとって都合の良いことを思えば都合の良いことが起こり、あなたにとって都合の悪いことを思えば都合の悪いことが起こる法則だ」とお話ししましたが、つまり「原因の質と結果の質は、いつだってイコールになりますよ！」ということ。言い換えれば、「あなたの心から発信された思いや考えに見合ったような出来事が、いつも現実として戻ってきているのだ」ということです。

「偶然」なんてものは、人生にはひとっつもありません！

つまり、自分にとって「都合の悪い出来事」、たとえば病気とか、事故とか、人間関係のトラブルなども含めて、誠に申し訳ありませんが、すべてはあなたの心から出た「思い」「考え」「イメージ」「感情」がその「原因」なのだということです。

良い出来事が起こった時には、「そうよ！　これは私が出した思考の結果として引き寄せたのよね！」と、人は素直に思えるはずですが、悪い出来事が起こった時には、そりゃあ「自分が原因だ！」とは正直ちょっと受け入れにくいですよね〜？　その気持ちは私にも痛いほどわかります（笑）。

でも、**自分の創造力が自分の人生で起こることのすべての「原因」だからこそ、その「結果」が気に入らない場合には、またいつだって自分の創造力を使って「自分好みの違う結果」を創り上げることができる**わけです。もし、あなたの人生で起こる出来事の原因が誰か「他人」であった場合、あなたが相手を納得させてなにかを変えてもらわない限りは、現実をさっさと変えることなどできませんよね？

実際に、今まで多くのみなさんは、一生懸命自分以外の「誰か」や自分以外の「なにか」を変えることで「自分の現実を変えよう」と努力してこられたと思いますが、残念ながら、ほとんどの場合、現実を自分の思うようには変えられなかったことでしょう。

だって、「引き寄せの法則」というものが存在する限り、あなたの人生に関わることを変えるには、いつもその原因となる「あなたの中の創造力（思考、イメージ、感情）」を変える以外に本当は方法はないのですから……。

今までの人生の中で、「なんでこんなことが突然、私の身に起こらなきゃいけないの?」というような「嫌な出来事」とか「自分の気に入らない出来事」に、誰もが遭遇していることと思います。でも、ご安心くださいね! それは今までのあなたが「引き寄せの法則」のことをまったく知らなかったために、自分の創造力の使い方を「ちょっと間違っちゃっただけ」なのです。**「引き寄せの法則」というものは、あなたの心の中にあるものを「ただただ忠実に現実化していく」というもの**だからです。

「偶然なんてものは、人生にはひとっつもありませんよ!」ということをもうちょっと具体的にご理解いただくために、ここで私の体験談をお話ししましょう。私もまだたまに「あらま! ちょっと間違っちゃったわ!」という経験をいまだにしてしまうことがあります(笑)。

いつだったか、久しぶりに映画を観に行った時のことです。平日の昼間だったので、人の出も比較的少ないだろうと予想していたのですが、駐車場に着いてみるとあいにく多くの車でギッシリ……。少し時間の余裕があったので「しばらく待てば空くわよね?」と軽く考え、待つことにしました。ところが、お目当ての映画の上演時間まで「あと7~8

てしまいました。

分」という頃になっても、まだどこのスペースも空きません。私の心は次第に苛立ってき
　ちょうどそこへ映画館からひとりの女性が出てきました。「ああ、良かった！　1台空く！」。そう思った私は、彼女の歩く方向へ自分の車を徐々に移動させ、彼女の車の近くで待っていました。すると、その女性は車に乗り込んでからなにかを始め、一向に車を出す気配がないではありませんか！「もうあと3分くらいしかない！」という時刻になって、ついに私の頭は「プッン！」と切れてしまい、車を降りて女性の車のほうに向かって歩いて行きました。「出られますか？」と確認するために……。

そして、私が女性の車の窓をコンコンと叩いた瞬間、なにが起こったと思います？　窓を下ろした女性が、まだ一言も発していない私に向かって、いきなりこう叫んできたのです。「アンタ！　私がいったいなにをしたって言うのよっ！　そこどいてよ！　そっちに出るのよっ！　そっちよ！」と……。それはそれはまったく尋常でないほどの、ものすご〜い剣幕だったのです（笑）。でも、その瞬間、私は心の中で冷静に考えていました。「あらら、やっちゃったわ！」と……。

　たぶんこんな時、多くの方々は「私はまだなにも喋ってないし、窓をコンコンって叩い

ただけなのに、どうして突然この人に激怒されなきゃいけないのよ！　いったい私がなにをしたっていうの？」ということになると思うのですが、「引き寄せの法則」をちゃ～んと理解している私には、「あらまあ、さっきから停められなかった私のイライラが、こんな形のものすご～い激怒になって返ってきちゃったわ！　それにしてもお見事すぎるわよね！　あははは……！」ということになるのです。

「引き寄せの法則」が人生の中で日々どんなふうに働いているのか、少しは具体的にご理解いただけましたか？　その時、私の心の中にあった「もう耐えきれないほどになっていたイライラ感」、つまり、この時に私が出していた「原因」と、その女性が「狂ったように出した激怒」、つまり、この時に私が受け取った「結果」は、実にそっくりなものでしょう（笑）？

望んでいることと反対のことが起こってしまう理由《わけ》

ここまでお読みいただいて、自分にとって都合のいい出来事も都合の悪い出来事も、受け入れにくくはあるけれど、「結局すべては自分が原因なのね？」ということはご理解いただけたことでしょう。特に先の私の例のように「第三者」が絡《から》んでくるような場合においては、「原因は自分だとはとても思えない、思いたくない」といったこともあるかもしれませんが、「引き寄せの法則」を深く理解すればするほど、やっぱりいつもその「原因」は自分の心の中に必ず見つかるものです。

しかし、「原因は自分」だからといって「そうよ！　どうせ私が悪いのよ！」などと自分を責めたり、開き直ったりする必要はありません（笑）。先にお話しした通り、「ちょっと間違って」好ましくない思考や感情を出してしまっただけであり、受け取った結果が気に入らなければ、すべての出来事の「原因」である自分の思考や感情をまた変えればいいだけの話なのですから……。

さて、ここでもうひとつ、みなさんからご質問が飛んできそうなのは、

「原因は自分だというのは理解できたけど、こうなったら嫌だなと思っていること、つまり、自分が望んでいることとは正反対のことが人生に起こってしまうのはなぜ？」

ということだと思います。たとえば「リストラされませんように……」と願っていたら「リストラされてしまった」とか、「明日は雨降らなきゃいいけど？」と思っていたら「翌

日は雨になってしまった」とか、「インフルエンザにかからないようにしなきゃ」と用心していたら「インフルエンザにまんまとかかってしまった」とか……。確かにこのようにあなたの望みとはまったく反対の結果になってしまったことが、人生の中で一度や二度はあったことでしょう。

これも重要なことなのでぜひぜひ覚えておいていただきたいのですが、実は、**潜在意識や宇宙は「否定形の言葉を理解しない」のです。**つまり、潜在意識や宇宙には、あなたの思いや考えがこんなふうに伝わっているということ。「リストラされませんように……」は「リストラされる」、「明日は雨降らなきゃいいけど？」は「明日は雨降る」、「インフルエンザにかからないようにしなきゃ」は「インフルエンザにかかる」という具合です。こんなこと、もし知らなかったら大変ですよね（笑）？

言い換えれば、潜在意識や宇宙は「否定形を認識できない」と同時に「あなたにとってそれは良いことなのか、悪いことなのか？」という判断も自らでは決してできないのだということです。

たとえば、もしあなたが「太りたくない、太ったら嫌だな？」などと何度も思っていたりすると、潜在意識や宇宙は「太る、太るって、そんなに太りたいのね？」と解釈し、ご親切に「ハ～イ！　オッケ～よ！」とばかりに「なぜかあなたは太ってしまう」という現実を提供してくることでしょう。「ちょっと、ちょっと！　そんなに太る、太るって言ってていいの？　そんなことばっかり繰り返してたらホントに太っちゃうわよ！」などと、あなたに忠告などしてはくれないのです。

ここで、ちょっとこの「否定形」についてより具体的にご理解いただくために、私のコーチングの元クライアントの方からいただいた「否定形をうっかり使って、やっちゃいました！」という体験談をご紹介させていただきましょう。

「水谷先生、ご無沙汰しております。昨年コーチングでお世話になりましたTKです。先生のコーチングを受けてからいろいろ引き寄せられるようになったのに、先日、大失敗をしてしまいました。聞いてください！

息子の中学校役員を決める日のことです。いろいろな役員の中に『PTA副会長』なんて大役もあり、候補者がいないため『あみだくじ』で決めることに……。その時、私は『PTAの副会長だけは絶対イヤ！』『副会長にはなりませんように！』と思ってしまいました。そして結果、見事PTA副会長に……。

冷静になった今思うと、副会長になったのは当然ですよね。あんなに『副会長、副会長！』って思ってしまったのですから……。『よっぽど副会長になりたいんだね』と、宇宙さんは副会長を私に届けてくれたのですね。

宇宙さんには『否定形は通用しない』というのは本当でした。『引き寄せの法則』を知っている息子にも『なんで〝あみだくじにハズれて良かったわ、ラッキー！〟って思っておかなかったの？』と言われてしまいました。今回は失敗でしたが、見事な引き寄せでした（笑）。」（TK様より）

「嫌だ！　嫌だ！」にも要注意!!!

このように自分の潜在意識に送り込むものには、つまり自分の発信する「思い」や「考え」には、いつだって私たちの側がよくよく注意を払っておかなくてはいけないってことなんです。私もついうっかりこの「否定形」を使ってしまい、「やっちゃった！」ってことがあります。たとえば「手を切らないように」と思いながら野菜を切っていて、包丁で指を切ってしまったりとか、「転ばない、転ばない！」などと考えながら雨の中を歩いていて、見事にスッテンコロリンと転んでしまったりとか……（笑）。

さて、ではここでもうひとつ「引き寄せの法則」に関する大切な点をお伝えしておきましょう。それは**「良いにつけ悪いにつけ、あなたが関心を向けたものが、その後のあなたの人生に引き寄せられる」**ということです。

私は、ショッピングをしている最中などに突然素敵なモノや美味しそうなモノを見つけてしまうと、「うっわ〜っ！　すっごく素敵！」とか「うわぁ〜、なんて美味しそうなんだろう！」と、目をハートにしながら我を忘れて食い入るように「それ」を見つめてしまうことが多々あります（笑）。つまり「それ」に思いっきり関心を注いでしまうわけです。

すると、後日、ものの見事に「それ」が私の手元に届くことがしばしばあります。

たとえば「イチゴ」の前で「美味しそうだな〜」と釘づけになっていると、「うちにイチゴ狩りにいらっしゃいませんか？」と突然知人から連絡があり、大量のイチゴをいただいてしまったりとか、チョコレートの前で「あっ！　このチョコレート懐かしい！　美味しんだよね〜！」などとうっとり見とれていると、数日後、友人から「はい、これお土産！」と、まさにそのチョコレートを手渡されたりとか……（笑）。

反対に、いつだったかも「やっちゃった！」のですが、新しく買った白いTシャツと白いスーツを着ていた日のことです。ランチにトマトソースのパスタを注文した後、「あっ！今日は新品の白い服だ！　やだやだ、シミなんかつけちゃったりしたら大変！」と思ってしまい、慌ててハンカチを膝《ひざ》の上に（しかもいつもより念入りに）広げたのです。

食事が終わって、ふと膝の上のハンカチに目をやると、なにもこぼしていなかったので「セ～フ！」と、ホッとしながら目線をだんだん上のほうにずらしてみると、なんと、胸のあたりにベッタリと赤いシミが……！　しかも、Tシャツだけならまだしも、ご丁寧にちゃ～んとスーツのほうにまでしっかり広がっているではありませんか（笑）。

つまり、これは先ほどの「否定形」の話とちょっと似ているのですが、**あなたがどれほど「嫌だ！　嫌だ！」などと思っていても、あなたがその「嫌なもの」に関心ばかり向けてしまっていると、潜在意識や宇宙は「やっぱりあなたはそれが欲しいのね？」と解釈してしまい、あなたの人生に「それ」をもたらしてしまうのだということです。**今の私の話の場合は、「シミなんてつけちゃったら嫌だな～」と私が思っていたために、「シミ」そのものに強烈に意識を向けてしまい、見事に「シミ」を引き寄せたのでした。

たとえば先の私の「イチゴ」や「チョコレート」など、自分の好きなものとか望むものの場合ならもちろんなんの問題もありませんが、私たちは日常生活の中で知らず知らずのうちに「自分の嫌っているもの」「こうなって欲しくないこと」に相当な関心を向けてしまっているものです。「貧乏なんてイヤ！」「病気にだけは絶対になりたくないわ」「台風なんて勘弁してよ」「事故でも起こしたら大変！」「〇〇さんには会いたくない」「バカだなんて思われたくない」「失敗したらどうしよう」「遅刻でもしたら大問題よ」などなど。

もうすでにご理解いただけたかと思いますが、こんな思いや考えを出しているあなたは、どれだけ「嫌だ！　嫌だ！」と叫ぼうが、これらのことに関心を向けているわけですから、その後のあなたの人生には、残念ながら「貧乏」「病気」「台風」「事故」「嫌っている〇〇さん」「バカな自分」「失敗」「遅刻」などといった、本来自分が望んでいたものとはまったく正反対の現実が現れてきてしまうことになりかねないのです。

できるだけ「自分の本当に望むこと」だけに関心を向けること！

つまり、**自ら進んで自分にとって都合の悪い出来事を引き寄せてしまわないようにする**

ためには、「できるだけ自分の本当に望むことに関心を向ける」ことです。

たとえば「貧乏になりたくない」とか「貧乏は嫌だ！」などと思うのではなく、いつも「豊かさっていいな！」とか「なんて豊かなんだろう！」と考え、「豊かさ」に意識を向けるのです。だって、あなたが本当に求めているのは「貧乏」ではなく「豊かさ」でしょう？

また、たとえば「病気になりたくない」とか「病気なんて嫌だ、嫌だ！」などと思うのではなく、「私はいたって健康、健康！」とか「健康って素晴らしいものよね〜！」と考え、「健康」にできるだけ関心を向けていましょうということです。だって、あなたが本当に求めているのは「病気」などではもちろんなく、「健康」に間違いないのですから……。

同様に「事故」「嵐や台風」「失敗」「自分の頭の悪さ」「汚さ」などなど、自分が本当に望んでいないことに関心を向けるのではなく、できる限り「安全」「いいお天気」「成功」「自分の頭の良さ」「美しさ」などに自分の関心を向けておくことです。そうすれば、今後のあなたの人生において「うっかり望まないことを引き寄せちゃった」ということが、まずは格段に減らせることでしょう。

もう一度繰り返しますが、「引き寄せの法則」というものは、基本的に「あなたの心の中にあるもの」を反映し、現実化していく法則です。したがって、あなたの心の中に「病気」という考えがあれば、（いくらあなたがそれを「いらない」とか、「嫌だ、嫌だ」と言ったとしても）あなたの人生に「病気」という現実を、あなたの心の中に「豊かさ」という思いがあれば、あなたの人生に「豊かさ」という現実をもたらすのです。ちゃんと理解してしまえば非常にシンプルな法則でしょう？

また、同じようなことですが、**自分の「創造力」を自分の望む方向ばかりに使いこなすためには、できる限り「うれしい！」「楽しい！」「面白い！」「幸せ〜！」というような「い〜い気分」を保つように心がけることです。**このような思いを年中出していれば、当然「引き寄せの法則」によって、あなたの人生には「うれしいこと」「楽しいこと」「面白いこと」「幸せなこと」が再び返ってくるからです。

このような「い〜い気分」を保つためにも、基本は「自分の望まないことに関心を向けるな」ということですよ。たとえば、明日、会社でプレゼンが予定されていて、「もし失敗したらどうしよう？」などと、あなたが「こうなったら嫌だな？」というほうに関心を向けると、当然のことながら「不安や心配」といったネガティブな感情が出てきます。そして、多くの場合、残念ながら、あなたのその「不安や心配」を見事に引き寄せてしまうわけです。

……が、反対に「こうなったらうれしいな！」というほうに関心を向けると、たとえば「明日のプレゼンは大成功しちゃって、上司から『君はなんて優秀な部下なんだ！　素晴らしい！』な～んてベタ褒めなんかされちゃったりして！　キャ～ッ！」などと考えれば、当然のことながら「うれしい！」「幸せ！」といった「い～い気分」がドンドン出てきます。

そして、本当に翌日のプレゼンは「大成功」というような素晴らしい結果を引き寄せることでしょう。

要は、**いつもいつも「こうなったら嫌だな？」のほうにではなく、「こうなったらうれしいな！」のほうに関心を向けていられるようにしましょうねということです。**そうすれば、あなたの心の中からは、あなたにとって都合のいい思いが出ていますから、その結果としてあなたの人生に起きる出来事も、あなたにとって都合のいいことばかりに必ずなっていくからです。

よく「引き寄せの法則」を知るや否や、「どうしよう？　こんなことを考えてたら、悪いことが起こっちゃうわ！」などと極端に怖がる方がいらっしゃるのですが、なにも急に怖がる必要などさらさらありません。だって今までだって、あなたは「引き寄せの法則」

など知らずに立派に生きてきたわけですし（笑）、たとえちょっと自分にとって都合の悪い出来事が起こったとしても、あなたにはそれをまた自分の望む方向に変えられる素晴らしい「創造力」があるのですから……。

ただ、これからは、今までのように自分の「思い」「考え」「イメージ」「感情」をただひたすらダラダラと「垂れ流し状態」にしておくのではなく、もちろん「否定形」や、自分の中の「嫌だ！　嫌だ！」という思いにも気をつけながら、できるだけ「意識的」に「自分が本当に望むこと」「こうなったらうれしいな！」ということを発信するように心がけていきましょうということです。

「現実化」を確実に引き起こす3つの基本的な要素

ここまで「引き寄せの法則」、つまり「私たちの創造力を現実化してくれて、人生を創り上げてくれる法則」についてお話ししてきましたが、「そうなんだ！　人生って実はそんなふうにできあがってるのね？」と少しはご理解いただけましたでしょうか。

さて、この章の最後に「引き寄せの法則」でもっとも重要なこと、私が講演やセミナーなどの際にはいつでもどこでも何度でも必ずお話しすることをお伝えしたいと思います。

先ほどから「人は一日に6万ものことを思ったり考えたりしている」というお話を何度かさせていただきましたが、実際には「その6万すべてのこと」が潜在意識に届いているわけではなさそうなのです。つまり、あなたが出す思考の一から百までのことすべてが「現実化」しているわけではないのだということ。

たとえば、あなたがテレビのニュースを見ていて「あらや〜ね?」と思ったぐらいで、その後のあなたの人生に「嫌な出来事」が起こってしまうわけではありませんよということです。それぐらいの「ちょっとした思いや考え」なら現実化は起こりません。

ただし、**「あなたが頻繁に思っていること」「あなたが一定の時間考えたこと」「あなたが強烈に思ったこと」は、「それ」があなたにとって良いものにしろ悪いものにしろ、必ず潜在意識にキャッチされてしまいます。**言い換えれば、あなたが日々発信する思考の中で、「頻繁」「一定」「強烈」のうちのいずれか、またはこれらの複数に当てはまっている「思い」や「考え」を出した場合、それは必ず「現実化」するだろうということです。

逆に言えば、あなたが「なにか」を実現させたい場合、「頻繁」「一定」「強烈」のうちのどれか、またはそれらの組み合わせを利用すればいいのだということです。

次の章で詳しくお話ししますが、私は自分の夢や希望を実現させたい時には「ビジュアライゼーション（想像する）」という方法を使っているのですが、これは先の3つの要素のうち「一定」と「強烈」を組み合わせたものです。だからこそ、自分の望みが潜在意識に届きやすく、したがってそれが叶うわけです。

また、以前、テレビのドキュメンタリー番組を見ていた時に、ある有名なスポーツ選手が「僕は、昔から自分に何度も何度も『自分は成功者になる！　自分は成功者になる！』と繰り返し言い聞かせてきましたし、今でもそれをやっています」という趣旨のことをおっしゃっていて、私は「なるほどなぁ〜！」と頷いたものです。

つまり、彼は（きっとご本人は「引き寄せの法則」のことはまだ知らず、無意識にそれを始めたのでしょうけれど）昔から「自分は成功者になる！」と繰り返し自分自身に語りかけることによって、自分のその「思い」を潜在意識に「頻繁」に送り続けていたということです。だからこそ、「自分は成功者になる」という彼の思いは潜在意識にしっかりキャッチされ、ものの見事に「現実化」したのでしょう。だって、すでに現在の彼は誰がどう見たって素晴らしく立派な成功者なのですから……。

このように、たとえば「潜在意識は、あなたが頻繁に思うことをキャッチする」というひとつの特徴を利用して、彼のように「自分は強運の持ち主だ！」とか、「私はとっても豊かだ！」とか、「私の人生はいつだってバラ色だ！」などという「あなた自身がそうなりたい」と思うような言葉を、心の中で繰り返し繰り返し言い聞かせればいいのです。そうすれば、あなたはいつの間にか「強運の持ち主」となり、「とっても豊か」になり、あなたの人生は「いつだってバラ色」という「現実」となって返ってくるわけです。ほら、やっぱり人生って、その「基本的なルール」さえよくよくつかんでしまえば、意外と単純にできているものでしょう？

言い換えれば、そもそも驚異的な力を発揮する「創造力」を持って生まれた私たちは、「自分が思ったことは現実化する」というその力の凄さや威力をまずしっかりと認識し、次に法則のルールをしっかり理解し、できる限りその力を自分の望む方向にばかり発揮できるようにすればいいだけの話です。

つまり、**すでに自分のうちに持っている魔法のような力を、正しく、賢く使いこなすことさえできれば、本来は魔法使いのような存在である私たちなのですから、自分の望むなんにだってなれるし、望むものや状況はいくらだって手に入れることができるし、人生**

だって自分の思うがままに好きなように創り上げていくことができるってことなんです。

そして、その魔法のような力をさらに自分の思い通りに使いこなせるようになり、また、自分の受け取る能力をますます拡大していけば、あなたの中の「創造力」は「常識を超えた力」となって、あなた自身がビックリ仰天してしまうような「奇跡」や「魔法」を次から次へと人生に運んできてくれることでしょう。そして、その時になって、あなたはようやく実感することと思います。「ああ、私たち人間って、本当に魔法使いのような存在だったのね？」と……。

さあ、**これからは、自分の「思い」「考え」「イメージ」「感情」に意識を向けるのと同時に、できるだけ自分の身のまわりで起こる出来事もよ〜く観察する癖をつけましょう。**

なにが「原因」で、なにが「結果」なのか、という観点からものごとを見てみるのです。

すると、「引き寄せの法則」がいつもちゃ〜んとルールにしたがって働いているという事実を、そして現実を、あなたはそこらじゅうで発見することでしょう。

Chapter 2

身のまわりに「奇跡」や「魔法」はいくらだって起こせる！

さあ、自分の「創造力」のすごさにビックリ仰天してみよう！

前章では、あなたの中にある「創造力」のすごさと、その「創造力」から始まって「それ」が現実化するまでのしくみ、つまり「引き寄せの法則」についてお話ししましたが、いくら私が「あなたの創造力は素晴らしい力を発揮するんですよ！」と説得しても、また「引き寄せの法則」を知識として理解していただいたとしても、実際に自分で「その魔法のような創造力」を使わなかったり、「引き寄せの法則」を自分の都合の良いように使いこなせなかったりすれば、なんの意味もありませんよね？

つまり、たとえ理論や知識をいくら蓄えたところで、実際に自分の人生に役立たせることができなかったとすれば、それは「宝の持ち腐れ」以外のなにものでもないってことです。

私はもともと「実用主義」の人間だったので、「なんかこれいいな?」と思ったり、「これ使えそうじゃない?」などと思ったことは、なんでもすぐに自分で実験してみるという癖がついていました。

だからこそ、この「引き寄せの法則」に遭遇した時も、すぐに自分で試してみたところ、「奇跡の3連発！」とでも言うべき、自分でもビックリ仰天してしまうほどの出来事を実際に次から次へと体験することができたわけです。

もしも、その時、「へえ～、こんなことって世の中にはあるのかしら ね？」などと頭の中で終わっていただけだったとしたら、今の私はきっとまだ暗闇の中を悶々《もんもん》とさ迷い続けていたことでしょう。

つまり、**私はみなさんに「奇跡」や「魔法」を、自分の「創造力」を使って実際に体験していただきたいのです。**そして、自分の中の「創造力のすごさ」に自分自身でビックリ仰天してください。そうすれば、自分がいかに素晴らしい存在であるのかも、「引き寄せの法則」が本当に働いているのか否かも、自分自身で確認できちゃいますからね。

さて、それではまずここで、私自身が実際に自分の「創造力」を意識的に使って引き寄せた「まさにパーフェクト！」とでも言うべき出来事をご紹介したいと思います。「へぇ～、自分のイメージを上手に使えるようになると、こんなことまで簡単に現実化できちゃうのね？」というご参考にしていただけたら幸いです。

「この上なくパーフェクト！」とでも呼ぶべき現実がやってきた！

昨年の夏のことでした。私は大のサッカー好きなので、いつも小まめにサッカー日本代表の試合日程をチェックしては、できる限りテレビで試合を観るようにしていたのですが、その時期はバタバタしていて試合日程をしばらく確認していませんでした。

ちょうどそんな頃、私の大阪での講演会の日程が9月のある金曜日の晩で決定したのです。それから何日か経って、「そういえば、最近サッカーの試合日程を見てなかったなぁ？次の試合はいつなんだろう？」と思い立ち、すぐにインターネットで調べてみました。すると、なんと、私が予定した大阪での講演会のまさにその日の夜に、しかも私の講演会とほぼ同時刻からスタートで、同じ大阪市内の目と鼻の先のスタジアムで日本代表の試合が行われる予定になっているではありませんか！

「うっそ～っ！　めちゃくちゃショック！　この試合日程を先に知っていれば、その金曜日の晩に日本代表のサッカーの試合を大阪のスタジアムで観て、そのまま大阪で一泊して、翌日の土曜日の午後とかに講演会を入れたら完璧だったのに……」と思ったからです。

実は私はサッカー好きではありますが、まだ一度も日本代表の生の試合を観戦したことがありませんでした。でも、当時のザックジャパンの選手たちがとても好きだったので、「ワールドカップが終わって代表選手たちが変わってしまうまでに、なんとか一度、彼らの試合を生で観戦できたらなぁ?」と思っていたのです。

その一方で、私は現在、三重県在住で都会暮らしではないために「でもなぁ、サッカーの試合を観に行く、ただそれだけのためにわざわざ時間をかけて遠方まで行くのもなぁ?」などとも考えていました。つまり、「なにかのついでにサッカーが観られたら最高!」と考えていたのです。

……なので、もし今回の大阪での日本代表の試合日程をもっと早くに知っていれば、「講演」と「ザックジャパンの試合観戦」という、私にとっては「この上なく完璧!」とも言えるスケジュールが組めることになったハズなので、だからこそ「ああ! なんてもったいない機会を逃しちゃったんでしょう!」と、ある意味それはそれは強烈なショックを受けてしまったのでした(笑)。

ただし、私の面白いところは、そんな強烈なショックを受けながらも、心の中ではちゃっかり「どこかのスタジアムで日本代表戦を初観戦しながら、興奮してギャーギャー喜んでいる私」をしっかりイメージしていたところです。

すると、それからまさに数日後のことでした。大阪在住の知人からこんな連絡が入ったのです。「突然のことで本当に申し訳ありませんが、9月○日に大阪で、翌日の9月△日に東京で、それぞれ2時間の講演をお願いできませんでしょうか？」と……。さっそくスケジュールを確認してみると、両日共になぜかポッカリ予定が空いていて講演を引き受けられる状況でした。

そしてその時、9月△日という東京での講演依頼の日が妙に気になったのです。「9月△日、9月△日、なにかがあった日のような……？」。ふと、サッカー日本代表の試合日程が頭をよぎったので、再びインターネットで調べてみると、なんと、9月△日はザックジャパンが今度は横浜で試合を行う日ではありませんか！

「うっそ〜！　もうきた〜っ！　講演とサッカー観戦のセットだ〜！　うわっ、素晴らしすぎる〜っ！」

私はお腹を抱えて、ひとりゲラゲラ笑い転げました（すでに私はこのようなことを人生で何度も体験しているので、今ではビックリ仰天するというより、笑い転げてしまうことのほうが多いのです）。

依頼のあった東京での講演は夕方には終わる予定だったので、それから横浜のスタジアムに向かっても、試合開始時刻には十分間に合う計算でした。「もう完璧〜っ！」と、大喜びでこの講演依頼を受けたのは言うまでもありません（笑）。

それから慌てて横浜でのサッカーの観戦チケットを入手し、そして当日は、東京での「講演」と横浜での「サッカー初観戦」という、私にとっては「この上なくパーフェクト！」とでも呼べるような現実をしっかり堪能させていただきました。しかも、当日の試合では、香川、遠藤、本田選手が次々にゴールを決めるという、私としてはもう大興奮、大満足の試合観戦だったのでした！

「奇跡」や「魔法」を簡単に起こす方法「ビジュアライゼーション」

自分の「創造力」を上手に使えば、こんなことが本当に「あっ」と言う間に、しかもいとも簡単に自分の人生に引き寄せることができちゃうんですよ。面白いでしょう？

ところで、もちろんこの時、私は誰にも「自分の望み」を喋ってはいませんよ！　ましてや大阪の知人に「ねえ、サッカーの試合観戦と講演をセットにしたいから、どこかで講演させていただけないかしら？」などとは一言もお願いしてはおりません、念のため（笑）。

でも、ものの見事に「完璧な形」で、ある日突然、私のところに「自分がまさに望んでいた状況」が飛び込んできたということはご理解いただけたことと思います。

私の夢や希望が叶う時は、だいたいいつもこんな感じで、「ある日突然」「予想もしないようなところから」「予想もしないような形で」やってきます。そして、このように自分の「創造力」が現実化するたびに、我ながら「自分の創造力」に対して「すっごいなぁ〜！」と、いつも感心してしまうわけです（笑）。

さて、今の話の中で、**私が「意識的」にやったことといえばたったひとつ、自分の望む状況を「イメージした」ということです。**つまり、「どこかのスタジアムで日本代表戦を初観戦しながら、興奮してギャーギャー喜んでいる私」を自分の心の中でしっかり見、そして喜びを思いっきり味わっていたのです。

実は、この方法を**「ビジュアライゼーション（想像する）」**と呼び、私が夢や希望を叶えたい時に使っているのが「これ」なのです。

前章で少しご説明しましたが、この「ビジュアライゼーション」は、潜在意識が必ずキャッチする「あなたが頻繁に思っていること」「あなたが一定の時間考えたこと」「あなたが強烈に思ったこと」の「頻繁」「一定」「強烈」という3つの要素のうちの「一定」と「強烈」を組み合わせたものです。

それゆえ潜在意識にとても伝わりやすく、したがって自分の夢や希望を確実に「現実化」することができるため、私はこの「ビジュアライゼーション」を特に声を大にしてみなさんにお勧めしています。

また、**「ビジュアライゼーション」を私が強くお勧めするもうひとつの理由は、今までの様々な実験結果から「潜在意識は、言葉よりもイメージのほうにより強く反応する」ということがわかっている**からです。

あなたの夢や希望を「現実化」する方法は、「ビジュアライゼーション」以外にも「ノートに書く」「言葉にして繰り返す」「写真を見る」などいろいろあるのですが、私の長年の研究結果からしても、やはり「ビジュアライゼーション」つまり「イメージ化すること」がもっとも効果的だと思うからです。

「ビジュアライゼーション」は簡単すぎるほど簡単！

それではさっそく、この「ビジュアライゼーション」のやり方について簡単にご説明していきましょう。

まず、できるだけ心身ともにリラックスして、どこかに腰かけるか、またはベッドの上などに横になってください。

目を閉じると、黒く、暗い部分が見えますよね？　そこが「あなたの心のスクリーン」です。ここにあなたの見たい場面を映し出します。そして、

①「たった今、あなたの夢や希望が叶った場面」を具体的に明確にイメージする
②そのイメージを見ながら、自分の夢や希望が叶った喜びを思いっきり感じる
③最後に、宇宙に「ありがとうございました」と感謝する

たったこれだけのことなんです。これをさらに簡潔に表現すると、**「ビジュアライゼーション」とは「見て、喜んで、感謝する」するという、ただそれだけのこと。**しかもこれにかかる時間は、私の場合、短い時でほんの10～20秒、長い時でもものの数分くらいです。実に簡単すぎるほど簡単でしょう？　これで自分の夢や希望がドンドン叶ってしまうのですから、だからこそ「これを使わない手はないでしょ？」といつも大声で叫んでいるのです（笑）。

さて、この「ビジュアライゼーション」をやっている最中、私は目を閉じて、まるでテレビか映画を見ているような感じで場面展開していく動画を見ています。また、その時、自分自身の姿をスクリーン上に映し出し、それを客観的に眺めているのです。

時々、「自分の姿がイメージできません」という方がいらっしゃいますが、そんな時には自分の映っている写真をしばらく見て、「ふんふん、私ってこんな姿なのね？」と頭に入れた後に目をつぶり、あなたの心のスクリーンに今見た自分の姿を映し出してみてください。

もっと手軽なところでは、鏡に映った自分を見て、パッと目をつぶり、今見た自分の顔を映し出してもいいでしょう。何回か練習していくうちに、簡単に自分の顔や姿がイメージできるようになると思います。

そして、**「ビジュアライゼーション」した後は、ひたすら「宇宙」を信頼して、安心して待っていればいいだけです。**すると、「宇宙」が「あなたの望んだモノや状況」を「あなたの元に早く確実に届くなんらかの方法」を考え出してくれて、多くの場合、先の私の体験談の中でもお話ししたように「ある日突然」「思いがけないところから」「思いがけないような形で」あなたの現実となって返ってくるのです。

「ビジュアライゼーション」でなにをおいても重要なのは感情!

さて、ここで「ビジュアライゼーション」においてもっとも重要な点をお話ししておきましょう。それは**「イメージを上手に見る」ということではなく、「思いっきり喜びの感情を味わう」**ということです。「ビジュアライゼーション」に入る前に、「自分のその夢や希望が叶った時、どんなにうれしく、また自分はどんなに大喜びをするんだろう?」と、まず軽~く思いを巡らせ、それを実際に「ビジュアライゼーション」の中で見るようにしましょう。

そもそも「ビジュアライゼーション」とは、「たった今、あなたの夢や望みが叶った場面」を見ることなのですから、それはそれはうれしく楽しいに決まっています。

たとえば「新車を引き寄せてみよう」と思ったら、「たった今、あなたの欲しかった新車が手に入ったところ」をイメージするのですから、「キャ～ッ！　きた～！　やっぱりこの車カッコイ～イ！　もう最高！」などと叫びながら、さっそくその新車を乗りまわしている自分の姿などを見るわけです。

また、たとえば「あの試験に合格したところを望んじゃおう！」と思えば、「たった今、合格通知を手にしたところ」をイメージするのですから、「合格？　やった～っ！　万歳、ばんざ～い！」と走りまわって大はしゃぎする自分の姿などを見るわけです。こんな場面を見るのですから、どう考えたって心の中から喜びがドバ～ッと溢れ出てくるハズなんですが……。

ちなみに私の場合、「ビジュアライゼーション」を行っていて、「今、まさに自分の望むモノを受け取った瞬間」を見た時にどうなるかというと、もちろん「心のスクリーンの中の私」は大喜びを始めますが、それと同時に「客観的にイメージを見ているほうの私」までもが猛烈に喜びを感じてしまい、「きた〜っ！　やった〜っ!!!」などと叫びながら実際にガッツポーズや万歳を始めたり、うれしすぎて踊りだしたり、ベッドの上を転げまわったりしてしまいます。それほど強烈に喜びの感情を出しているわけです。

実は、**この「強烈な喜びの感情」こそが、あなたの夢や希望を「現実化」する「鍵」なのです。**先ほども潜在意識の特徴である「頻繁」「一定」「強烈」のうち、「ビジュアライゼーション」は「一定」と「強烈」を組み合わせたものだとご説明しましたが、「一定」というのは「一定の時間イメージを見る」ということで、「強烈」というのはまさにこの「強烈な喜びの感情」のことなのです。

言い換えれば、「強烈な喜びの感情」が伴っていなければ、「ビジュアライゼーション」したところで、「現実化」が起こるのは難しいかもしれないということです。

「ビジュアライゼーション」をしても喜びの感情がわかない時は？

ところが、残念なことに「ビジュアライゼーションをしても喜びの感情がわかない」というご相談をコーチングの中でもたびたび受けることがあります。

その理由としてまず考えられるのは、そもそも「リラックスしていない」ということ。仕事や家事が忙しくてイライラしているような時とか、疲れきっている時、つまり「い～い気分」ではない時に「ビジュアライゼーション」をいくらしても、「自分のイメージに集中できないため」と考えられます。**できるだけ心身共にゆったりとした「い～い気分」の時を狙ってください。**

ふたつ目の理由は、「あなたの描くイメージがつまらなさすぎて、見ているあなたがちっともワクワクできない」ということです。

「ビジュアライゼーション」とは「たった今、あなたの夢や望みが叶った場面」を描くことなのですから、それはもう「あなた」がうれしくってゾクゾクしちゃうような場面を「あなた」が演出してください。

「あなた」が興奮するような場面と、「私」が興奮するような場面はきっと違うことと思いますので、**「あなた」が自分の嗜好を自分で考えて、自分にとって思わず叫びたくなるような最高の場面を思い描いてあげましょう。**

また、「たった今、あなたの夢や望みが叶って喜んでいる自分」、つまり、心の中のスクリーンにいる自分は、できればまるで子どものように「ピョンピョン飛び跳ねて大喜びしている」とか、「いきなり万歳三唱を始めてる」とか、「キャ〜キャ〜大騒ぎをしている」とか、とにかく全身から喜びを表している姿を大胆に思い描いてください。そうすれば、私のように「見ているほうの自分」にもその喜びがビンビン伝わってきて、こっちの自分も強烈に喜びを感じ始めるからです。

また、「ビジュアライゼーションをしても喜びの感情がわかない」もうひとつの理由は、そもそもあなたが「感情の出にくい人」だからなのかもしれません。長年、自分の気持ちや感情を押し殺してきたような方は、急に「感情を出せ」と言われても難しいですよね？「もしかしたら私はそうかも？」と思われる方は、感情を出す練習を先にしましょう！

できるだけ面白いテレビ番組や映画を見るようにして、まずは自分を抑えることなくゲラゲラ笑えるようになりましょう。また、今後は人にお礼を言う機会などがあった時に、単に「ありがとう」と言うだけでなく、「キャ〜ッ！　ありがと〜！　これね、ずっと欲しかったの！　うれし〜い！」などと、今まで以上に素直に喜びを表現するように心がけてみましょう。

まずは、「自分の創造力のすごさ」を実際に試してみよう！

さあ、それではさっそく、あなたも「ビジュアライゼーション」で自分の「創造力」のすごさを試してみませんか？

「あなたがイメージできること」ならなんでもいいのですが、最初はできれば小さなこと、たとえば「アイスクリームが急に食べたくなったから、アイスクリームを望んでみちゃお！」とか、「そういえば、新しいハンカチが欲しかったんだ！　ハンカチにしてみようかな」とか、なにか考えてみてください。

そして、**できるだけ「具体的なモノ」を望みましょう。**たとえば「アイスクリームならなんでもいい」ではなく、「ハーゲンダッツのグリーンティのアイスクリーム」などというふうに……。具体的でないと、注文を受けた側の宇宙も「アイスクリームって言ったって、いったいこの人の好みはなんなんだろう？」と、「現実化」するのにちょっと困っちゃうでしょうからね（笑）。

ところで、「ビジュアライゼーション」のやり方を知るや否や、「それじゃあ、さっそく5億円が手に入ったところをイメージしてみます」などとおっしゃる方が時々いらっしゃるのですが、まだ自分の中の「創造力のすごさ」もまったく知らないうちに、本当にこのようなことが「現実化」すると心の底から思えるでしょうか？

なにも「いきなり5億円望んではいけませんよ」な～んて決まりがあるわけではありませんが、こういう方に限って、結果「現実化」が起こらないと「引き寄せの法則なんて私には働いてないのよ！」とか、「やっぱり思考が現実化するなんてウソだったのよね？」という結論に陥りやすく、したがってそれ以降、自分の「創造力」を意識的に活用しようとは思わなくなってしまうのです。

あなたがどう思おうと、相変わらず「引き寄せの法則」は私たちの人生でいつも作動し続けているのですから、こんなふうに1回や2回上手くいかないからといって投げ出してしまってはあまりにももったいなさすぎるでしょう？

だからこそ、最初のうちはたとえ「現実化」しなかったとしても痛くも痒くもない程度のモノや状況、たとえば先にお話ししたアイスクリームやハンカチ程度のものをお勧めしているわけです。

だって、アイスクリームやハンカチなら、もし、それを引き寄せられない結果に終わったとしても、どうしても欲しければ自分で買いに走るってこともできますから……（笑）。その後、「自分の創造力のすごさ」に気づき始め、「本当だ！　私の望むモノは現実化するんだ」と実感し始めてきたら、ドンドン好きなものを望んでいけばいいわけです。

本当のことを言えば、「現実化」してくれる宇宙からすると「アイスクリームは簡単だけど、5億円を用意するのは結構難しいんだよ」などということはありません。つまり、たとえば「アイスクリーム」という望みと「新車」という望みと「5億円」という望みは、み～んな同じ程度の「望み」だと受け取られているのだということ。

ただ、私たち人間の側が「車は大きいから、こんなものは引き寄せられないでしょう？」とか、「5億円なんてやっぱり大金すぎて無理よね？」とか、「大きい、小さい」「高い、安い」などと、すでに無意識になんにでも「価値判断」をしていて、それゆえ「難しい」だの「簡単」だのと思い込んでしまっているのです。

だからこそ、最初のうちは自分がとにかく「小さいから簡単かも？」と思えるようなところから始めると、そもそも「簡単」だと思い込んでいるので、結果、見事に「簡単に現実化できる」のです。

「ちょっと困ちゃったな」という時にも「ビジュアライゼーション」を

それからね、小さなことと言えば「ちょっと困っちゃったなぁ?」というような時にこそ、この「ビジュアライゼーション」を試してみるチャンスです。

たとえば「Suica」などの乗車カードをどこかで落としてしまった時とか、ピアスをうっかり失くしちゃった時に「それ」が見つかって自分が大喜びしているところを思い描くとか、机の上の卓上カレンダーにコーヒーをこぼしちゃって、それが使いモノにならなくなってしまった時に、ここにまた卓上カレンダーがきて、「やった〜!」と喜んでいる自分をイメージするとか……。

私は、こんな「ちょっと困っちゃったな?」という時には、すぐに「ビジュアライゼーション」するのですが、「普段からこんなふうにビジュアライゼーションを使ってみましょう!」というご参考にもなると思いますので、ここでまたひとつ、私のちょっとした体験談をご紹介しておきましょう。

いつだったか、次の本の出版の打ち合わせのために、ある編集者の方とコーヒーショップで待ち合わせをしていた時のことでした。

その日、私はお店に入った瞬間に、「しまった！」と思ったのです。実は、その編集者の方とはいつも同じお店で打ち合わせをするのですが、そこにはふたつのテーブル席だけに座り心地の良いソファが置いてあり、そこに座ると快適で落ち着いて打ち合わせができるのです。つまり、「私のお気に入りの席」なのですが、その日はそのふたつのテーブル共にすでにいっぱいだったからです。

仕方なく違うテーブルに座ったのですが、まだ編集者さんがいらしてなかったので、「よし、今のうちにビジュアライゼーションやっとこ～！」と思った私は、「なぜだかお気に入りの席が空いて、無事ソファに座ってキャッキャ喜んでいる私」をイメージしておきました。

再び目を開けた時、そのソファに座っていた男性がアイスコーヒーを飲んでいるのが目に入り、なにげなくその量を確認すると、まだ4分の3ほども残っていたので、「きっとこの方は店に入ってきたばかりの方なのね？」などとボ～ッと思っていました。

すると、次の瞬間、その男性の携帯電話が突然鳴り始めたのです。「はい、はい、わかりました」などという声が聞こえたかと思うと、なんと、その男性は4分の3も残っているコーヒーを一気に飲みほし、その後、スタスタと店を出て行ってしまったではありませんか！

私は、この「へっ？　なんで……？」というような突然の出来事に、あまりの可笑しさで噴き出しそうになるのを必死でこらえながら、ポッカリ空いた「私のお気に入りの席」に余裕で移動しました。

まさにその直後に編集者の方が現れ、「あっ！　またいつものいい席取っといていただいて、ありがとうございます！」などと言われてしまったものですから、もう私は完全に笑いを抑えられなくなり、心地良い席でゲラゲラ笑いながら、今起こった「コトの次第」を彼にお話ししたのでした。

「創造することの喜び」を思いっきり味わおう!!!

ところで、その昔、「引き寄せの法則」や「ビジュアライゼーション」を伝えたことのある知人に、突然、こんなことを言われたことがありました。
「夢や希望は叶うのよ、イメージすれば引き寄せられるのよって何度も聞いてたけど、実は、イメージしてから夢が叶うまでの間に、その夢を実現させるために裏で相当な努力をしなきゃいけないいんじゃないかと思ってたの」と……。聞いた私はもうビックリで、ひっくり返りそうになりました。

また、時々、コーチングを行っている最中にも、クライアントの方々から似たようなことを言われることがあります。

たとえば「理想のパートナーとの出会い」を望んでいる方に、「じゃあ、ビジュアライゼーションして、未来の彼との素敵なデートを楽しんでいるところをイメージしましょう」と私が言うと、「はい、でも結婚相談所には入ったほうがいいですかね？　やっぱりお見合いパーティとかにも頻繁に出席したほうがいいんですよね？」と……（笑）。そして、たとえば「ダイエット」をご希望の方に「では、理想の体型になって喜んでいる自分をビジュアライゼーションしてくださいね」と私が言うと、「それだけでいいんですか？　食べ物のカロリー計算をしたり、食べる量を減らすとか、ジョギングなどの運動もしなくていいんですか？」と……（笑）。

このような時、私はいっつも同じ説明を繰り返すことになるのです。「あのね、ビジュアライゼーションをして、なにか自分の夢や希望を実現するってことは、たとえて言えばこんな感じ……。小さなメモに『オムライス』って自分の食べたいメニューを書いて、それを電子レンジに入れます。そして待つこと3分。電子レンジが『チン！』と鳴ったので、ドアを開けてみると、あら不思議！　そこには完成したオムライスが……！　途中で、『卵はいくつ入れればいいのかしら？』とか、『ケチャップの量はどのくらい？』などと考えて、ドアを開けたりする必要は一切ありませんからね」と……。

この説明で、先の知人は「えっ？　それってまるで『奇跡』か『魔法』じゃない！」と叫んだのですが、そう、だから、私はいつだって「奇跡」や「魔法」の話をしてるんですってば……（笑）！

でも、クライアントのみなさんの中には、この説明を聞いてもなお「はぁ、でも……」という感じの方もいらっしゃいます。まあ、仕方のないことと言えば仕方のないことなんですけどね。だって、まだ多くの方々が、ご自身の持つ「創造力のすごさ」にビックリ仰天してひっくり返った経験はないでしょうから……。

でも、この本の読者のみなさんには、よ～く覚えておいていただきたいと思います。**私**

たちの中にある「創造力」は、本当に私たちの想像をはるかに超えるほどの驚異的な力を持っているのです。

たとえば「ビジュアライゼーション」をした後に「お見合いパーティにたくさん出席する」とか、「食事の量を減らす」とか、これじゃあ今までやってたこととほとんど変わらず、「奇跡」でも「魔法」でもなんでもないじゃないですか？　つまり、自分の「創造力のすごさ」をまだちっとも信用できていないということなんです。

私がお伝えしたいのは、「血と汗と涙をいっぱい流して、つまり、果てしない努力を続けて夢を叶えましょう」などという話ではありません。「あなたの創造力はものすごい力を持っているんですよ！　だからそれを信じて、自分の創造力が本来持っている力を伸び伸びと発揮してみましょう！　そして、創造することの楽しさ、創造することの喜びを思いっきり味わいましょう！」ということなのです。

ここまでの私の体験談で、「ビジュアライゼーション」の後の私は、なにも特別なことをしているわけではないことが、おわかりいただけますよね？

そして、**この「ビジュアライゼーション」は、本当に素晴らしいことに、先にチラッとお話ししたように「あなたがイメージできるモノや状況」に関しては、なんにだって使え**

ちゃうわけです。

「引き寄せの法則」を初めて知ってから20数年の間に、私は本当に数限りないほどの、自分の望む様々なモノや状況を引き寄せてきました。たとえば、イチゴやチョコレートやプリンなどの自分の大好きな食べ物、欲しかった洋服、アクセサリー、インテリアグッズ、海外旅行、望んだ仕事、アメリカ留学、本の出版、パートナー、お金、理想のマンションなどなど……。

そして、後ほどまた詳しくお話ししますが、「ビジュアライゼーション」は自分の身体にだって応用できるのです。

たとえば私自身が試して成功したところでは、ダイエット、火傷《やけど》に強い身体、乳癌《がん》が消える（?）などなど……。そして、このように日常生活の様々な場面で、「ビジュアライゼーション」し「現実化」という体験を自ら何度も何度も味わうたびに、私は自分の「創造力」の驚異的な力に驚き、ひっくり返り、ゲラゲラ笑い転げ、そして「創造することの楽しさ」「創造することの喜び」を実感し、ますます「創造力」への信頼を深めていったわけです。

自分でプロセスを考える必要は一切ない！

さて、先ほど「ビジュアライゼーション」した後は、ひたすら「宇宙」を信頼して、安心して待っていればいいだけだとお話ししましたよね。すると、「宇宙」が「あなたの望んだモノや状況をあなたの元に早く確実に届くなんらかの方法」を考え出してくれて、「ある日突然」「思いがけないところから」「思いがけないような形で」あなたの現実となって返ってくるのだと……。

でも、今まで「なんでも一生懸命努力して手に入れることしか知らない私たち」だったので、どうも「奇跡」や「魔法」という概念がなかなか理解できず、今お話ししたように「お見合いパーティにいっぱい参加しなくていいのか？」とか、「ジョギングはしなくていいのか？」などという発想になってしまうわけです。つまり、「自分でなんとかしなくては！」という意識からなかなか離れられないわけです。

また、似たような話なのですが、こんな方も時々いらっしゃいます。「ビジュアライゼーション」をして、たとえば「お金」を望んだとします。すると、「親戚のあの叔母さんがお金持ちだから、近いうちに遊びに来て、お小遣いでもくれるのかしら?」とか、「道を歩いていたら、道端に黒いアタッシュケースが落ちていて、その中に100万円でも入っているのかな?」などと、ご自身で「どこからどのようにそれがくる」という「プロセス」まで一生懸命考え始めるのです。

先ほどからお話しているように「ビジュアライゼーション」した後は、多くの場合、「ある日突然」「思いがけないところから」「思いがけないような形で」あなたの望みが「現実化」します。言い換えれば「現実化」してくれる「宇宙」の発想は、私たちのこの小さな頭で思いつくような発想をはるかに超えているのだということです。だからこそ、あなたの望みが「現実化」した時には、きっとビックリ仰天することでしょうと繰り返し言っているのです。

つまり、**あなたの重要なお仕事は「自分の夢や希望を潜在意識と宇宙に伝えること」つまり「創造すること」だけであり、「いつ」「どこで」「どのようにして届けられるのか」つまり「プロセス」を考えるのは「宇宙のお仕事」だということです。**もし、あなたが「プロセス」の領域にまで踏み込んで、「あの叔母さんが……」などと考えると、あなたは宇宙の無限の可能性を制限してしまうことになり、本当に「その叔母さんからお金をもらう」というたったひとつの可能性に限定してしまうことになるのです。

ただ安心して待っているだけで「現実化」が起こる

ではここで、みなさんに「ビジュアライゼーションの後には、ただ安心して待っていればいいんですよ！　プロセスも一切考えなくていいんですよ！　そうしたら実際こんな感じで現実化が起こるんですよ！」ということをさらに具体的におわかりいただくために、もうひとつ、私の体験談をご紹介しておきましょう。

ある時、私は東京に行った際、久しぶりにお気に入りのインテリアショップに寄ってみました。お店の中をワクワクしながら探索していると、ガラスケースの中に「シルバー色に輝く素敵な入れ物」を発見したのです。

前章でもチラッと触れましたが、私はなにか美味しそうなモノや素敵なモノを発見すると、突然、我を忘れて食い入るように「それ」を見つめてしまう癖があります（笑）。その時も「うわぁ～、とってもキレイ！　なんだろう、これ？　でも素敵！」などと思いながら、ガラスケースに鼻をすり寄せて、その「シルバー色に輝く入れ物」を興奮しながら見ていました。

そして、それを見ながら「これにアクセサリーでも入れたら素敵だろうな？　チョコレートやキャンディを入れてもいいかも？」などと、実際にそれを自分で使っているところをあれこれビジュアライゼーションしてしまっていたのです。

たぶん5分くらいはガラスケースの前にたたずんでいたんだと思いますが、ふと時計に目をやると、次の予定の時刻が差し迫っていたので、「あっ、大変、大変！　もう行かなきゃ！」と思い、慌ててそのお店を後にし、その後は「シルバー色に輝く素敵な入れ物」のことなどすっかり忘れてしまっていました。

それから1～2週間後くらいのことです。友人と食事をした際に、突然、彼女からプレゼントを手渡されたのです。「はい！　これ、少し遅れちゃったけど、お誕生日プレゼント！」と……。包装紙が先の私のお気に入りのインテリアショップのものだったので、「きっとオシャレなものに違いないわよね～！」と思い、ワクワクしながらさっそく包みを開けさせてもらいました。そして、中を開けてみると、なにやら「シルバー色に輝く入れ物」が……。

なんと！　それは私が1～2週間ほど前に食い入るように見つめていた、まさにドンピシャの「シルバー色に輝く素敵な入れ物」ではありませんか！　私が突然、お腹を抱えてゲラゲラ笑い出したのは言うまでもありません（笑）。

「なんで私の欲しかったモノがわかったの？」と友人に聞いてみると、「え～っ？　それ欲しかったモノだったの？　それは良かったわ～！　実はね、このインテリアショップで、なにかお誕生日プレゼントに良さそうなモノはないかなって探していた時に、ちょうど近くに店員さんが来たから、『なにかお勧めはありませんか？』って聞いてみたのよ。そしたら、これを教えてくれて、見た瞬間、なぜか『これだ！』って閃《ひらめ》いたからこれにしたんだけど……」とのことだったのです。

しかも、そのインテリアショップは日本に5店舗くらいしかないのですが、私が行ったのは東京のお店、彼女が行ったのは名古屋のお店だったのです。もちろん、私は誰にもこの「シルバー色に輝く素敵な入れ物」の話はしていませんし、「ビジュアライゼーション」した後は、ただす～っかり忘れていただけですよ。

ねっ？　まるで本当に「オムライス」と書いて電子レンジに入れて、3分間待って「チン！」と鳴ったから開けてみたら、中から突然「オムライス」が出てきた状況と似てるでしょ（笑）？

「直感」がきた時には、素直にしたがってみよう！

さて、「ビジュアライゼーション」した後は、基本的にはひたすら「宇宙」を信頼して、安心して待っていればいいのですが（今の私の体験のように本当はすっかり忘れちゃうくらいのほうがいいのですが）、この「現実化を待っている間」に、ひとつだけ注意を払っておいていただきたいことがあります。それは**「直感」**です。

「ビジュアライゼーション」をした後に、なぜか「直感」がきて、それに素直にしたがってみたら、「望んでいたぴったりの情報に突然たどりついた」とか、「欲しかったモノを見事に手に入れることができた」などといったことが起こるケースが多々あるからです。実は、なにを隠そう、つい先ほども私にまた「直感」がきて、私の望んだモノを見事に引き寄せてしまったところなんです（笑）！

つい最近、昨年の冬に買いそびれてしまったオシャレな洋服のことをふと思い出してしまいました。「あれ、確か本当に素敵だったよなぁ〜？　どっかで新品売ってないかしらね？　去年のデザインだからもうないかな？」と思ったのですが、「そうよ！　ビジュアライゼーションしとこ！」と閃いたので、すぐさま「そのオシャレな洋服を着て、キャッキャ喜んでいる私」をビジュアライゼーションしておいたのです。

すると、本当につい先ほどのことなのですが、この原稿を書いている間の休憩中に、ふと「直感」がわいてきて、突然あるサイトを急に見てみたくなったのです。すると、なんと、私の欲しかったそのオシャレな洋服が、まさに私のジャストサイズで、もちろん新品で、しかも定価の半額くらいの値段で1着だけちゃ〜んとあるではありませんか！

さっそくオーダーしちゃったのは言うまでもありません（笑）。そして、先ほどまで、私はまたひとりでゲラゲラ笑い転げていたのでした！

ちょっとおわかりいただけたかと思いますが、このように**「直感」というのは「なぜだかわからないけど、ふとそう思うこと」**だとご理解ください。たとえば、なにかを「ビジュアライゼーション」した後に、「急に○○さんのことがふと浮かび、なぜか突然、電話をしてみたくなった」とか、「今日はどういうわけか寄り道をして帰りたくなった」とか、

「△△という特定の言葉が妙に気になって、ネットで調べてみたくなった」などなど……。

何度も繰り返しますが、「直感」というのは、パートナーを求めていらっしゃる方の「結婚相談所に入らなくていいのか？」とか、ダイエットしたい方の「食事制限しなくていいのか？」というような「今までと同じような常識的な発想」とはまったく違いますので、念のため……（笑）。

でもね、たとえばパートナーを求めていらっしゃる方が「ビジュアライゼーション」した後に、友人にあるパーティに誘われて、「普段だったら行きたくないのに、なぜかこのパーティだけはなんか気になる」な〜んてことはあるかもしれません。そんな時は素直に「その直感」にしたがってみましょう。そうすると、そのパーティで「実際、未来のパートナーに出会ってしまった」などということは起こり得るかもしれませんから……。

最初のうちは「直感」というものがよくわからないかもしれませんし、「直感らしきものにしたがってみたけど、結局なにも起こらなかった」ということもあるかもしれませんが、「ビジュアライゼーションをして見事に現実化した！」という体験を何度か積んでいくうちに「直感」というものの感覚もつかめてくると思いますので、それまでは**「なんかきたかも？」と思ったら、素直にそれにしたがってみましょう。**多少「空振り」したところで、「あなたの大切な望み」を取り逃がすよりは、よっぽどいいと思いますから……（笑）。

身体の状態も「創造力」で変えられる！

先ほどチラッと身体の話をさせていただきましたが、どうも多くのみなさんは「身体は身体」「心は心」などと、漠然と「身体と心はまったく関係ないもの」と思い込んでいるような気がしてなりません。

でも実際は、「心」つまり「思考、イメージ、感情」と「身体」はまるで表裏一体のようなものなのです。

前章で、あなたの「現実」つまり「人生で起こる出来事」は、あなたの心の中にあるものが「引き寄せの法則」によって反映されたものですよということをお話ししましたが、「身体」は、あなたの心の中にあるものが「引き寄せの法則」によってもたらされた「もうひとつの反映」なのです。

つまり、**あなたの心の中にあるもの（思考、イメージ、感情）は、「引き寄せの法則」によって、一方では「あなたの現実」を創り出し、もう一方では「あなたの身体の状態」を創り出すのだということです。**

もう少し具体的にご説明すると、私たちの心の中から発信された思考、感情、イメージは、潜在意識に送られているのと同時に、「脳」にもその情報がいちいち届いています。

そして、「脳」ではなにが起こっているのかというと、あなたが出した思考、感情、イメージに見合ったアミノ酸（たんぱく質）を造り出し、それを血液と共に体中の細胞へと送り出しているわけです。

つまり、あなたが「病気になんかなったら嫌だわ」とか、「失敗したらどうしよう？」などと、いつも不安や心配ばかり出していたとすると、そんな思いや感情に見合ったアミノ酸、つまり「よろしくないアミノ酸」を、あなたはドンドン身体中に送り込んでいるということ。

反対にいつもあなたが「私ったらなんて幸せなんでしょう！」とか、「人生って本当に楽しいなぁ！」などと、いつもうれしい、楽しい気分をたくさん出していたならば、そんな感情に見合ったアミノ酸、つまり「いいアミノ酸」を、あなたはドンドン身体中に送り込んでいるということです。

一度、身のまわりをよ～く見渡してみてください。「上司があんな奴で……」とか、「本当に頭にきちゃうわよね」などと、年中愚痴や不平不満などを口にしている方とか、「どうせ私なんて……」とか、「私ったらなんて不幸なんでしょう、ああ……」などと、年中悩んだり落ち込んだりしている方で、残念ながら、元気溌剌《はつらつ》で病気知らずの方なんてほとんどいらっしゃらないと思いますよ。

また、「インフルエンザになりたくない」とか、「風邪なんかひいちゃったらどうしよう?」などと、インフルエンザや風邪に意識を頻繁に向けていたりすると、まさにインフルエンザや風邪にかかってしまうとすでにお話ししましたよね? これなども「引き寄せの法則」によって、私たちの思考や感情が身体にも伝わっているという証拠みたいなものです。

でも、逆に言えば、**身体は自分の創造力(思い、イメージ、感情)次第でいかようにでもなるものなんだ**ということ。

自分の身体の状態も「こうなってくれたらうれしいな?」というところを「イメージ」することはできますから、「ビジュアライゼーション」をドンドン使わない手はありません。

私のコーチングのクライアントのみなさんからも、そして全国の読者の方々からも「ビジュアライゼーション」を上手に身体にも応用して、たとえば「なにもしないで1か月で5キロ痩せました」とか、「歯の痛みが治まった」とか、「長年の偏頭痛が止まった」とか、「目がよく見えるようになった」などなど、たくさんの成功体験を聞かせていただいています。

ここでは、コーチングの元クライアントの方からいただいた、そんな身体に関する素晴らしい体験談をひとつご紹介しましょう。

「先生こんにちは。今回また面白い引き寄せをしましたのでご報告させていただきます。実は『顎関節症』が完全に治ってしまったのです。

今から1年半ほど前、左の顎《あご》に激しい痛みが始まり、口もロクに開けられなくなりました。『え』ぐらいの開きでしょうか……。

それからは口腔外科に通い、口を開ける訓練や薬の内服で痛みを我慢し続ける日々が続いていました。

ある時、『そうだ！　こんな時だからこそビジュアライゼーションだ』と思い、なんとか口が軽めの『あ』くらいまで開くようになりました。少しはマシにはなりましたが、口を開けるとまだ痛いので治療は続いていました（実は、この時のビジュアライゼーションは、あまりはっきりイメージできてはいませんでした）。

その後、『絶対に自分の誕生日までには治っている！』と、再び『完治している自分』をしっかりビジュアライゼーションしたのです。今度は、『痛みもなく大きな口でパクパクとご飯が食べられている自分』をはっきり想像しながら、『うれし〜い！　宇宙さん、先生感謝しています！』と劇的に喜んで、『万歳！　万歳！』と叫び続けたのです。

すると、それから数日後の誕生日をすぎた頃、気づいてみると痛みもまったくなくなり、口も全開できるようになり、なんと本当に完治していたではありませんか！　誕生日前まで『痛い！　痛い！』と騒いでいたのに……、です。

その後、口腔外科で再び受診し、お医者様からもお墨付きをいただき、受診を終了しました。それから半年ほど経った今もまったく健全です。

もう、宇宙さん、先生に感謝です！　今回も素敵な贈り物をありがとうございました。」

（ＭＳ様より）

「創造力」のこんな上手な使い方もある！

さて、「ビジュアライゼーション」とはちょっと違うのですが、ここでは私が普段「ふとした疑問」を抱いた時に使っている「創造力」の上手な使い方をみなさんにお伝えしたいと思います。

それは、**「ふとした疑問は宇宙に投げかけておく」**という方法です。

人生の中では、時々、「これってどういう意味なんだろう？」とか、「あれはどこにあったっけ？」などと、ふとなにかを疑問に思うことがありますよね？　そういう時には、そのまま素直に、まるで宇宙にポ〜ンと投げかけるような感じで、「これってどういう意味？」とか「あれはどこ？」とかささやいておくのです。すると、時には先にお話しした「直感」という形でなにかを閃き、それにしたがってみたら答えにたどりついたり、時にはダイレクトにその答えを見たり聞いたりできてしまいます。

私は「ふとした疑問」を抱いた時には、年中このやり方を使っているのですが、その効果は抜群で、知っておくとこんなに便利でありがたいものはありません。

先日も、こんなビックリ仰天な出来事がありました。

ある日、テレビをつけてみたら、ちょうどニュースの時間帯でした。すると、突然こんな情報が流れてきたのです。「最近、輸入もののナッツの価格が高騰しているようです」と……。「マカダミアナッツ入りのチョコレート」が大好きな私は、「あらまあ？　ナッツの値段が上がっちゃってるのね？」とちょっと気になり、ニュースに耳を傾けました。

すると、テレビから「そんなナッツの高騰に奮闘していらっしゃる、あるパン屋さんを取材しました」と聞こえてきたので、私はコーチングの元クライアントの方のことをふと思い出したのです。「パン屋さん？　そういえば私のクライアントの方にもパン屋さんがいらしたなあ？　あの方お元気にしていらっしゃるかしら？」と……。

次の瞬間、テレビから「では、パン屋のご主人の○○さんのお話です」という声と同時にひとりの男性の顔が画面いっぱいに映し出されました。そして、私は「え〜〜〜っ！」という奇声を発しながら、のけ反ってしまったのです。だって、画面に映っていたのは、たった今まさに私が「お元気かしら？」と考えた私の元クライアントのパン屋さんの顔だったものですから……（笑）。

私が「あの方お元気かしら?」とふと考えて、その方の顔をテレビで見るまでの間は、わずか1秒くらいのものでした。でも、お陰様で「彼はナッツの高騰に少し戸惑っていらっしゃるようだけど、とってもお元気のようだ」という答えをすぐに受け取れたわけですが、それにしても都内のパン屋さんは少なくとも何千軒はあるでしょうに、「なんでよりによって私がふと思い出したあの方なの?」って感じでした。面白すぎるでしょう?

ただ、この方法でひとつ気をつけていただきたいことがあります。**もし、あなたのその疑問が「そもそもこれはあまり良くなさそうなことだ」ということがあらかじめわかっている場合には、宇宙に投げかけないほうが無難です。**

たとえば「アルツハイマーってなに?」とか「メニエール氏病ってどんなもの?」などと宇宙に(特に何度も頻繁に)投げかけると、もしかすると、宇宙は「はい、これだよ!」と直接的に「その答え」を返してくる場合があるからです。

別の著書ですでに書いたことがあるのでご存じの方もいらっしゃると思いますが、実は私はこれで一度「やっちゃった!」ことがあります。友人が「50肩にやられちゃって痛くて、痛くて……」と話すのを聞いて、それまで「40肩」は知っていたものの「50肩」という言葉を聞いたことのなかった私は、いつものように「50肩ってなに? 50肩って……？」と無意識にやってしまったのです。

それから3日後くらいのことでした。朝起きてみると、いきなり右肩に痛みが走り、右腕が完全に上がらなくなってしまっていたのです。無理に上げようとするとビビビビーッと激痛が…！　2～3日経ってから「もしかして、これって50肩？」とやっと気がつき、ネットで50肩を調べてみると、まさに症状がまったく同じ……。イヤ～、あの時はちょっと痛かったです（笑）。

このように「ふとした疑問は宇宙に投げかけておく」という方法も、とっても簡単で便利なものではありますが、くれぐれも私のように「ポカミス」だけは犯さないように気をつけてお使いいただきたいと思います（笑）。

「信じるということ」と「知っているということ」の違い

さて、この章の最後に「信じる」ということについてお話ししておきたいと思います。

実は、多くの方からこんな質問をいただきます。「ビジュアライゼーションをして、それが引き寄せられると信じて待っているんですが、一向に現実化しません。いったいどうしてなのでしょうか？」と……。

私自身の長年の体験から、また多くの方々をコーチングしてきた経験からお話しすると、**「現実化」が起こらないのには様々な理由がありますが、もっとも根本的で最大の理由は「それが叶うと本当は信じ切れていない」ということです。**

「自分の夢や希望を引き寄せられません」という方に「それが叶うと心から信じていますか？」と、もし私が問えば、ほとんどの方が「はい、自分では信じているつもりです」とおっしゃることでしょう。でも、本当のことを言えば、「信じる」とか「信じない」とか、実はどっちだっていいのです。ただ、「それは叶う」とあなたが「知っていれば……」です。

どういうことか、もっとわかりやすくご説明させていただきましょう。

私たちの「創造力」って実に「電気」と似ていると思います。「電気」も「創造力」も目には見えないものですよね？　でも「電気」の場合は、たとえ「それ」が目に見えなくても、たとえ「電気の法則」をあまり理解できなくても、毎日私たちは生活の中で「それ」を使って、「それ」を照明として利用したり、ドライヤーやコンロの熱に変換したり、冷暖房として使ったり、テレビや携帯やパソコンを起動させたりと、ありとあらゆる形で使ってその多大なる恩恵を受けています。

そして、もし、仮に千人の人々があなたに「電気なんて目に見えないんだから、絶対に存在なんてするもんか！」と言ったところで、あなたはそんなことを決して信じないことでしょう。つまり、これだけ毎日使って、恩恵を受けていることをすでに「実感」しているわけですから、今さら「電気」を「信じる」とか「信じない」などと議論するほうがおかしいと思うわけです。

言い換えれば、「信じる」とか「信じない」などと言う以前に「電気の存在とその上手な使い方」を「知っている」わけです。

「創造力」や「引き寄せの法則」もこれとまったく同じこと。

私からすれば、「創造力」を日々意識的に使い、それによってすでに「山のように自分の望むモノがくる」という恩恵を受けている者にとっては、今さら「信じる」とか「信じない」とかの話ではなく、**たとえ目には見えなくたって「創造力」と「引き寄せの法則」はあるに決まっていて、「望んだものはくるのが当たり前」**になっているわけです。だって、毎日そんな体験ばっかりしているんですから……。つまり、「創造力とその上手な使い方」を「知っている」ということです。

言い換えれば、多くの方々は、とにかく「思考が現実化する」という体験がまだあまりにも少なすぎるために「信じる」「信じない」というところに留まってしまっているのだということ。つまり、「望んだものはくるに決まっている」とは、まだまだ思えていないのだということです。だからこそ、なにかを望む時に「疑い」も一緒に出てしまって、結果「現実化しない」ということになってしまうのです。

「ビジュアライゼーション」を日々様々なことに応用し、「自分が望んだものはちゃんとくる」という「体験」を自分自身で何度も何度も味わってください。こんな経験を10回、20回と積んでいくうちに、「本当に引き寄せの法則なんて存在しているのか？」とか、「これは本当に叶うのだろうか？」などという「疑い」の気持ちはドンドン消えていき、そもそも「信じる」とか「信じない」ではなく、「知っている」というところにたどりつくわけです。

だってそうでしょう？　災害時のような特別な場合を除き、「今日は電気はちゃんとくるかしら？　それともこないのかしら？　こなかったらどうしよう？」などと毎日考えながらコンセントを差し込む方などひとりもいらっしゃいませんよね？　また、もし電気がこない場合があったとすれば、「あら？　今日はどうしたのかしら？」と思い、そっちのほうが普通ではありません。

私の場合も同じこと。「望んだものがくるとか、こない」と考える以前に、「くるのが当たり前」になってしまっているのです。もし、私がなにかを望み、「それ」が現実化しなかった場合、電気の時と同じように「あら？　今回はどっか間違っちゃったのかしら？」と思い、こっちのほうが普通ではないと考えます。

私は著書の中でも、また自身のメルマガやブログの中でも、みなさんに「ビジュアライゼーションをやってください！　やってください！」と口が酸っぱくなるほどにお伝えしているのですが、それは実はみなさんに早くこの「信じる」「信じない」という状態から「知っている」というレベルに移行していただきたいがためです。そうすれば、「疑い」に煩《わずら》わされることがドンドン減っていくと同時に、ますます「思ったことはなんでも叶う！」という体質になっていくからです。

そのためには、ひたすら自分で体験を重ねていく以外に方法はありません。自分の頭の中でいくら「信じよう、信じよう！」と思ったところで、また他人に「信じなさい、信じなさい」と言われたところで、あなたの理性はなかなか「奇跡」や「魔法」を受け容れてはくれませんから……。

とにかくこの章でお話ししてきたように、**「ビジュアライゼーション」を日常生活のありとあらゆる場面で、毎日できるだけたくさん試してみてください。**そして、自分自身で「自分の夢や希望は叶う」ということを体験を通して実感しているレベル、つまり「奇跡や魔法は本当に簡単に起こせるのだ」ということを「知っている」状態に一日でも早くたどりついていただけたらなと思います。

Chapter 3

こんなに簡単！
ほんの一瞬で
自分を変える方法

ピーターパンと私たち人間の唯一の違いとは？

さて、前章では、自分の望みを叶える方法である「ビジュアライゼーション」についてご説明させていただきましたが、「ビジュアライゼーション」は「ピンポイントでなにかを叶えたい時（たとえば新車を手に入れたいとか、ハワイ旅行に行きたいなど）に特に有効であり、また、それが「イメージ化」できるものであることが前提となります。

でも、自分や自分の人生を望む方向に変えたい時、たとえば「私は運が悪いから、運の良い人になりたい」とか、「私の人生はちっとも面白くないから、楽しい人生にしたい」などという時には、そもそもこれらをイメージ化するのが難しく、しかもこれらは「概念」として思い込んでいるために、「概念そのもの」を変える必要があります。

この章では、そんな**「自分」や「自分の人生」を自分の望み通りに変えていく方法**をご説明していきましょう。

その前に、私たちの多くは「私なんて、なにをやっても上手くいかない」とか、「私の人生なんて、しょせんこんなものよ」などと、セルフイメージがとても低く、自分を「ちっぽけな存在」だと思い込むような人になってしまっているのですが、「どうしてこんなことになってしまったのか？」ということをご理解いただきたいと思います。

プロローグで、映画『フック』の主人公である「自分がピーターパンだったということを忘れたまま中年になったピーターパン」の話をご紹介させていただきましたよね？　実は、この映画の中のピーターパンは、ネバーランドの外に住むある少女に恋をしてしまい、その少女と将来ずっと一緒に生きていきたいと願ったがために、普通の人間になることを望み、その過程で「自分はただの人間だ」と思い込み、昔の記憶をすっかり失くしてしまって、気がついてみれば「忙しいただのおじさん」になっていたのでした。

「私たちは、この映画のピーターパンとそっくりだと思う」とプロローグでもお話ししましたが、このピーターパンと私たち人間の唯一の違いをもうちょっとここで詳しくご説明させていただきますね。

この映画の中のピーターパンは、ピーターパンとしてネバーランドで生きていた子ども時代が確かにあり、途中で記憶を失くし「魔法もなにも使えないただのおじさん」になってしまったものの、妻の祖母から「あなたは昔、ピーターパンだったのよ」と告げられ、ネバーランドに戻って再び過去の記憶を取り戻し、本来自分が持っていたパワーも伸び伸びと発揮できるようになりました。

一方、私たち人間はといえば、そもそも「自分は魔法使いのようなすごい存在」として生まれたということなどほとんど誰も知らないため、「魔法使い」として生きた経験や記憶もなければ、誰からも「あなたは本当は魔法使いなのよ」などとも言われたことすらありません。したがって、自分が本来持っているものすごいパワーをほとんど発揮することもなく、「ただの人間」「ちっぽけな存在」だと完全に思い込んだまま人生を終えてしまいます。

自分を「ちっぽけな存在」だと信じ込んでしまった理由《わけ》

では、そもそもどうして「私たちは自分が魔法使いのような存在である」ということに長い間まったく気づくことができなかったのでしょうか？　それには次のようないくつかの理由が考えられます。

最初の人類がいつ地球上に登場したのか、私には定かではありませんし、その最初の人々が「自分は魔法使いのようなすごい存在なんだ」と知っていたのかどうかも、私にはわかる術《すべ》もありませんが、とにかく「人生なんて、自分の思い通りになるわけがない」と思い込み始めた人間たちが、何百年いや何千年という長い長～い年月の間、親から子へ、子から孫へ、そして孫からひ孫へと、何世代にもわたって延々と「人生なんて、自分の思い通りになるわけがない」と繰り返し繰り返し伝えてきたのです。

そして、その過程の中で、私たちはすっかり「それが人生の真実なんだ！」と頑なに信じ込んでしまったのでしょう。

また、聖書などを読んでみると「あっ！　まさに引き寄せの法則のことが書いてある！」と思う箇所が随所にあるにはあるのですが、「引き寄せの法則」というものが、そもそも極々一部の限られた人たちの間にしか伝わっていなかったのかもしれません。そして、残念ながら、これは現在でもそうですが、たとえ「引き寄せの法則」を誰かから伝え聞いたとしても、はなっから疑って否定してしまう人々や、やってみても自分の創造力を上手に使えずに「ほら、やっぱり人生なんて、そんな上手くいくわけがないのよ」などと、さっさとあきらめてしまう人々も多かったに違いありません。

そして、私たちの多くは、そもそも「人生なんて、自分の思い通りになるわけがない」と頑なに信じ込んでいる親たちの下で育つわけですから、この考えに基づいた言葉を子どもの頃から毎日のように頻繁に聞かされて育ちます。「やめておきなさい！　どうせ上手くいくわけないいんだから……」「失敗したらどうするの？」「無理、無理、痛い思いをするだけよ！」と……。

こうして、気づいた頃には、「自分はただのちっぽけな人間なんだ」といつの間にか思い込んでしまう人間が、ひとり、またひとりとできあがっていくわけです。

「自分はただのちっぽけな人間なんだ」と思い込まされて育った私たちは、大人になっていく過程の中で様々な経験をし始めます。

ただ、残念ながら多くの人々の中には、すでに「どうせダメに決まってる」「私なんか……」という考え方がしっかり植わっているため、そこに「引き寄せの法則」が働き、「ちっぽけな人間に相応《ふさわ》しい出来事」つまり、失敗、挫折、恐怖、悲しみ、苦しみなどをまんまと引き寄せてしまい、結果、「ほら、やっぱり人生なんて思い通りになるわけがない！」と、その信念をますます深めてしまうわけです。

このような様々な理由から、**私たちはみな「人生なんて、自分の思い通りになるわけが**

ない」という、言わば自分で自分を「牢獄の中に閉じ込めてしまっているような状態」に陥《おとしい》れ、自分を「ちっぽけなただの人間」だと頑なに信じ込んでしまっているのだということです。

「引き寄せの法則」という、私たちの「創造力」を次々と現実化してくれる素晴らしい環境の下で、本当は自分の夢や希望をなんでも叶えていくことができるという「ものすご〜いパワフルな存在」だというのに……、です。

そして、ある日突然、どこかの誰かに、

「あなたは本当は魔法使いのような存在なんですよ！　あなたの中の創造力を上手に使えば、思い通りの現実をいくらでも創り上げていくことができるんですよ！」

と聞かされたとしても、すでにウン十年も失敗や挫折をもう嫌というほど体験してきてしまっているために、

「そんなバカな！　おとぎ話もいい加減にしてくれ！　自分はもう長年生きてきたけど、我慢や苦悩の連続ばっかりだったんだ！」

ということになってしまい、残念ながら、相変わらず「牢獄」の中に留まってしまうのです。

自分で自分を「牢獄」に閉じ込めてしまっていることに気づいていますか？

今、自分自身の人生を振り返ってみると、私の場合は、ちょっとラッキーだったような気がします。「引き寄せの法則」を知ったのは、私が26歳の時だったのですが、その前の10年間は「もがき苦しみ、まったく思い通りにならない人生」だったものの、実は15歳まではなに不自由なく天真爛漫《てんしんらんまん》に生きていて、失敗や挫折をほとんど経験することもなく、「自分の思い通りの人生」を歩んでこれていた経験があったからです。

また、私も人並みに親からネガティブな言葉をたくさん聞かされて育っていたものの、「なんでも自分でやってみなければわからない！」と、なぜか小さい頃から思っていたフシがあり、親の言うことを実はまともに受けとっていなかったり、「なんか変なの？」と心の中では自分の考え方のほうを頑なに守っていたところもありました。

また、先にもチラッとお話ししたように、小学生くらいの頃から「自分が空想したり思ったりしたことが、その後なぜか実現する」という体験も何度か繰り返していましたので、そんな経験をするたびに「う～ん？　どうしてこうなるのだろう？」といつも疑問に感じていましたし、親からもたびたび「不思議よね～？　どうしてあなたがこうと決めたことは叶うのかしらね？」と言われていたのです。

つまり、子ども心にも「見えない世界にきっとなにかありそうだな？」とは薄々感づいていたわけです。もちろん、それが「引き寄せの法則」だったとは、当時の私にはまったくわかっていなかったのですが……。

しかし、その後、私が中学を卒業した頃に、父親が長年勤めていた会社を突然退職したことをきっかけに我が家の経済状況が急降下し、それと共に私の人生も「大学進学をあきらめろ！」などと親に宣告されたり、バイトを強要されたりするなどと激変してしまいました。そして、それから「引き寄せの法則」にたどりつくまでの約10年間は「まったく自分の思い通りにならない挫折と絶望の人生」を生きるはめになったわけです。

つまり、先の映画『フック』の話とちょっと似ている気もするのですが、私の場合は、生まれてから初めの15年間は「自分の思い通りの人生」を歩めていた体験と記憶が確かにあったので、20代の前半になってから「なんでこんな苦しい人生を歩まなくっちゃいけないの？　だって、昔はなんでも自分の思い通りになってたじゃない？　今の人生のほうがなんかおかしいんじゃないの?」と、全然上手くいってない当時の自分の人生のほうに「疑いの目」を向けることができたわけです。

そして、「上手くいっていないのは、まだ私の知らないなんらかの理由があるんじゃないだろうか?」と、漠然と感じていました。

また、当時の私は、いつも自分の中に「エネルギーがあり余ってるような感じ」を抱えており、自分の中の力をまったく発揮できていない感覚も常に抱えていました。そして、「自分の思い通りの人生をきっと歩めるはずだ!」と、再び感じ始めていた私は、それでもなにをどうすればいいのかさっぱりわからなかったので、心の中でいつもこんなことを叫んでいた記憶があります。「私はこんなもんじゃない!」「私の人生はこんなもんじゃないはずだ!」と……。

そして、その後、「引き寄せの法則」に遭遇し、試行錯誤しながらも自分自身と自分の人生を実験台にしながら研究を続け今日に至ったわけですが、人生を「自分の思い通りに生きる」ということができるようになってから気づいたことは、先にもお話ししたように、**そもそも私たちは「人生なんて、自分の思い通りになるわけがない」という完全に間違った概念に根本的に縛られていて、しかも、ありとあらゆる「制限を持った思考」や「限界**

を設けてしまう思考」で自分自身をがんじがらめにしているということでした。

そして、幸運にも、私がそこから抜け出ることができたのは、そもそも「思い通りにいかない人生のほうが、なんかおかしいんじゃないの？」という「疑いの目」を向けることができたからに他なりません。

「牢獄」から自分自身を脱出させる簡単な方法

人生を自分の思い通りの方向に変えていくために、まず、みなさんにお勧めしたいのは、「人生は自分の思い通りになる！」という「自分自身の無限の可能性」のほうに一刻も早く目を向けていただきたいということです。

そもそも「人生なんて、自分の思い通りになるわけがない」と、頭っから完全に信じ込んでしまっているからこそ、そこに「引き寄せの法則」が働き、残念ながら、いつも見事に「思い通りにならない人生」ばかりを創り上げてしまうのです。

「思い通りにならない人生」を今まで創り上げてしまっていたのは、「自分自身の単なる

思い込みだったのだ！」ということにまず気づいてください。「引き寄せの法則」を知らなかった頃の私は、つまり「人生なんて、全然自分の思い通りにならない」と思っていた頃の私は、「あれも無理！　これもできない！　ああ、私ってなんてちっぽけな存在なんだろう」と、まるで本当に自分で自分を「小さくて苦しくて暗い牢獄」に監禁してしまっていたような気がします。

　そして、そんな「牢獄」から自分自身を伸び伸びとした自由奔放な世界へと救い出せるのは、世界中でたったひとり、「あなた」以外には誰もいないのです。

　私がいくら「あなたは本当は魔法使いのようなすごい存在なのですよ！」「あなたの人生は、あなたの思い通りになりますよ！」と大声を張り上げたとしても、あなた自身が「そう」思わなければ、あなたは自分の牢獄の外に出ることはできず、したがって、あなたの人生は今までとまったく同じまんまなのです。

　でも、「あなたを牢獄から救い出す方法」は、実は至って簡単なこと！　**「人生は自分の思い通りになる！　人生は自分の思い通りになる！」と、感情を込めて何度も何度も繰り返し自分に言い聞かせ、最終的に今度は「それ」を「その通り、人生は自分の思い通りになる」と信じてしまえばいいだけ**です。

先にもちょっとお話ししましたが、「人生は自分の思い通りになる」という言葉は、そもそも「概念」ですから、「それ」をイメージするには難しい場合が多く、したがって「ビジュアライゼーション」することができません。……なので、こういった場合、つまり、新しい「概念」を植えつける時には、できるだけ感情を込めながら「頻繁」に言葉を繰り返すことによって、それをあなたの潜在意識に確実に伝えていく方法を選ぶわけです。

毎日毎日「人生は自分の思い通りになる！　人生は自分の思い通りになる！」と自分自身に言い聞かせ、あなた自身もだんだん「そう」思えるようになってきたら、それは潜在意識に「新しい概念が伝わりましたよ！」という証拠みたいなものです。

すると、今度はあなたのその新しい考え方「人生は自分の思い通りになる」のほうに「引き寄せの法則」が働き始めるので、あなたの人生は、だんだんあなたの思い通りになっていくわけです。

最初のうちは「人生は自分の思い通りになる！」などと口にしても、「ホントかな？」「やっぱり信じられないかも？」と、どこか居心地の悪さを感じてしまうかもしれませんが、それは至極当たり前のこと。だって、昨日までは「人生なんて、自分の思い通りになるわけがない」などとはなっから思い込んでいたのですから……（笑）。

でも、そんな「違和感」も気にせず、ただひたすら新しい概念を自分自身に言い聞かせてください。「癖や習慣は3週間くらいで身につく」と言われているのですが、自分自身の体験からも、そしてコーチングのクライアントのみなさんを観察していても、「新しい概念」もだいたい3週間くらいで「自分のもの」になるようです。3週間で「小さくて苦しくて暗い牢獄」から脱出できるのなら、私なら張り切っちゃいますけどね（笑）。

さて、この「言葉を繰り返す」という単純な方法を聞いて、「あまりに簡単なことすぎる！」「こんな子どもじみたことで人生が変われば世話ないわよね？」などと思われる方がたまにいらっしゃるのですが、よ〜く覚えておいてくださいね。**私たちは、生まれた時からまわりにいる親や大人たちに「人生なんて、自分の思い通りになるわけがない！人生なんて、自分の思い通りになるわけがない！」と、何度も何度も同じ言葉を繰り返し聞かされて育ったために、いつの間にか気づいた時には完全に「そう」思い込んでしまったのです。**

そして、この言葉の繰り返しによって「それ」が潜在意識に完全に伝わってしまい、そこに「引き寄せの法則」が働いて、見事に「思い通りにならない人生」を現実化していたのだということ。

つまり、私はそれと同じやり方を、みなさんにお勧めしているだけのこと。ただ、ひとつだけ違うのは、「人生なんて、自分の思い通りになるわけがない」などという、まったくなんの役にも立たないような、それどころか自分で自分を「牢獄」に閉じ込めてしまうような考え方ではなく、私たちの本当に役に立ち、そして、本来の自由奔放な存在へと解放してくれるような考え方を繰り返すことをお勧めしている点だけだということです。

あなたは「制限を課す思考」「限界を設ける思考」にも縛られている

さて、「人生なんて、自分の思い通りになるわけがない」という、小さくて苦しくて暗い「牢獄」から自分自身を解放し、人生の根本的な考え方を変えて自由になるべき私たちなのですが、「牢獄」から自分を救い出したとしても、本当に自由自在に思い通りの人生を生きるためには、まだもうちょっと解決しなければならないことがあります。

というのは、たとえ「牢獄」から脱出できても、まだ自分の身体のまわりにはロープでグルグル巻きにされているような、身動きがとれない「がんじがらめの状態」があるからです。

私たちは、生まれてこのかた身につけてしまった「社会的通念」とでも呼べるような様々な観念にもしっかり縛られていて、実は、そこからも自分自身を解放してあげなければならないからです。

「社会的通念」とは、たとえば「人生は苦の連続だ」「人生は修行だ」「幸せのあとには不幸がくる」「幸せはそう長くは続かない」「才能や運のある人だけが成功する」「分相応に生きろ」「清貧の美徳」「出る杭は打たれる」「お金は人を堕落させる」などなど、一般的に多くの人々が「そうだ」と思い込んでいるような「考え方」や「思い込み」のことです。

「社会的通念」を数え上げたらもうキリがありませんが、あなたがこんな「制限を課す思考」や「限界を設ける思考」を持っている限り、残念ながら、あなたの人生は「引き寄せの法則」によって「その通り」になってしまうのです。まあ、普通の方は、そもそもこんな「制限」や「限界」のある考え方に「疑いの目」すら向けず、「だってみんながそう思っているじゃない！」「そんなこと常識でしょう?」などと、単純に考えてしまうのでしょうけれど……(笑)。

でも、ちっとも笑いごとではないのです！　たとえば、「人生は苦の連続だ」と思い込んでいる方を観察していると、本当に病気や事故や人間関係のトラブルなど、次から次へと問題や苦悩がその方を襲っています。また、たとえば「お金は人を堕落させる」と信じている人を拝見していると、お金を持ってはギャンブルに狂ったり、または、なにかにのめり込むなどして逆に借金だらけとなり、自らの人生を本当に滅茶苦茶にしているのです。

そして、当のご本人たちはというと、「どうして自分の人生は、いつもこんなふうになってしまうのか？」という理由などさっぱりわからず、しかも原因が「自分の思考」だとは思いもよらないので、それを変えることもできずに、相変わらず何度も何度も同じようなことばかりを引き寄せてしまうのです。そして、自分自身や自分の人生に対してますますわけがわからなくなり、自信を失くし、ただただ呆然と人生をさ迷ってしまうことになるわけです。

また、「社会的通念」以外にも、私たちは生まれ育ってくるそれぞれの環境の中で、それはそれはもう役に立たない「制限を課す思考」や「限界を設ける思考」を親やまわりの大人たちから山のように聞かされ、それらを素直に信じ込んでしまっています。

たとえば、「女性は男性の三歩後ろを歩くもの」「良い学校に入り、安定した企業に就職するのが一番」「結婚したら良妻賢母となれ」「親が気にいる人と結婚しなければならない」「お金はコツコツ貯めるもの」などなど、こちらも数え上げたらキリがありません。

つまり、**私たちの心の中には「ああでなければならない、こうでなければならない」といったことばかりが渦巻いていて、それらを「正しい」「人生とはそういうものなんだ」と頭から思い込まされているために、これまた自分自身をとても窮屈な状態に陥れている**わけです。

また、大人へと成長していく過程の中で遭遇してしまう自分の挫折や失敗などの体験から、勝手に自分自身をがんじがらめにしてしまっている考え方、これもまた山のようにあります。

たとえば、「私はくじ運が悪い」「私は魅力がない」「私はなにをやっても上手くいかない」「私は恋愛だけは苦手」「私は要領が悪い」などなど……。

あなたは「だって本当に私はいつもこうだったんだもの」とおっしゃることでしょうけれど、何度も繰り返しますが、あなたがいつも「くじ運が悪い」のは、あなたがずっとそう思い込んで生きてきてしまったからであり、あなたが「なにをやっても上手くいかない」のは、単に今まであなたがそう信じ込んでいたから、そこに「引き寄せの法則」が働いて、そうなってしまっていたにすぎないのです。

自分の思い込みに「疑いの目」を向け、自分の頭で徹底的に考えよう！

とにかく、「社会的通念」であれ、育った環境からくるものであれ、過去の経験からそう思い込んでしまったものであれ、「自分に制限を課す考え方」や「自分に限界を設ける思い込み」で自分自身をがんじがらめにしてしまっている状態に気づき、**今まで自分が「いつの間にかそうだと思い込んでいたこと」に、いちいち「疑いの目」を向けてみることです。**そして、再度、自分の頭で徹底的に考える癖をつけましょう。

たとえば、「人生は修行だ」とはなっから思い込んでいたとして、「本当にそうなのだろうか？」とよくよく疑って考えてみると、「でも、世の中には、自分の夢や希望を次々と達成し、思い通りの人生を楽しそうに歩んでいる人だって少数派ながらいるわけよね？　もしかしたら、その人たちと私の違いって、なにか私の知らないことがあるだけなのかも？」と思えるかもしれません。そうしたら、その「まだ自分の知らないこと」を探究してみればいいのです。

また、「私は魅力がない」などと思い込んでいる自分を発見したら、「いったい私は、いつからこんなふうに思うようになったんだろう?」と考えてみてください。

すると、「そういえば、小さい頃、お母さんから『あなたはお姉ちゃんほどの美人じゃないんだから』って、いっつも言われて嫌だったなぁ?　もしかしたらその影響で『私は魅力がない』『どうせ私なんて……』って勝手に思い込んだのかも?」と気づくことでしょう。

そして、よくよく自分自身を客観的に観察してみれば、今まで自分が思い込んでいた以上に、実はとっても愛らしくチャーミングだったり、「思いやりがと〜っても深い」などという素敵な美徳を兼ね備えている自分をたっくさん発見できるはずです。

このように自分自身を知らず知らずのうちに縛りつけていた「自分を制限したり、自分の限界を決めてしまうような思い込み」、つまり「あなたの幸せの邪魔をする考え方」を自らの手で発見し、徹底的に自分の頭で突き詰めて考えてみれば、それらがいかに真実を反映しておらず、また自分をチッポケな存在へと追いやっていたかがはっきりわかることでしょう。

「制限を課す考え方」や「限界を設ける思い込み」を見つけるのは、とっても簡単です。

「人生は苦の連続だ」「私は魅力がない」「幸せのあとには不幸がくる」「私は運が悪い」などと考えて、あなたは「気分がいい」でしょうか？　もちろん、そんなわけありませんよね～（笑）。このように、**あなたに「制限」や「限界」を与えるような思考は、考えただけでも決して気分が良いものではありませんから、それはあなたにとって「必要ない！」ということです。**

そして、「自分にとって必要ないもの」を見つけた時には、それをさっさと捨て去り、その代わりにあなたの望む新しい考え方、つまり、「あなたに制限や限界を与えない考え方」「あなたに幸せをもたらす考え方」を次々に自分のものにしていけばいいだけです。

そのやり方は、先ほど「人生なんて、自分の思い通りになるわけがない」というところでお話しした方法とまったく同じで、新しい言葉を何度も何度も自分に言い聞かせるだけです。

たとえば「人生は修行だ」という今まで抱いていた考え方をさっさと捨てて、「人生は楽しい冒険だ！　人生は楽しい冒険だ！」と、感情を込めて繰り返し、あなたがそう思えた時には、必ずあなたの人生は楽しい冒険になり始めていることでしょう。

また、たとえば「私は魅力がない」という今まで頑なに信じ込んでいた考え方を捨て、

「私はとっても魅力的！　私はとっても魅力的！」と頻繁に自分に言い聞かせていれば、必ずあなたは魅力的な人になるのです。

つい先日、あるテレビ番組の中で、元宝塚のトップスターで、現在は女優として活躍していらっしゃる方がストレッチを披露していました。

宝塚に入った方が必ず習うというストレッチだそうで、その方もいまだに毎日行っているそうなのですが、興味深いことに、そのストレッチをやっている間、その女優さんはこんな言葉を繰り返し口にしていたのです。「私はキレイ！　私はできる！　私はキレイ！　私はできる！」と……。「そうか！　宝塚ではこんなことを教えているのか！　さすがよね～、だからみんな綺麗だし、自信に満ち溢れているんだ！」と納得したのです。

Chapter1の最後のところでも、ある有名なスポーツ選手が「自分は成功者になる！　自分は成功者になる！」と長年ずっと言い続けているという話をご紹介しましたが、人生を自分の思い通りに生きている方や成功者と呼ばれるような方々は、このような「自分の可能性を伸び伸びと発揮するような言葉」を自分自身に言い聞かせ、自分で自分を意識的に、上手に創り上げていっているということがおわかりになりますよね？　「私は運が悪い」とか、「私は魅力がない」などと、「自分に制限や限界をもたらすような考え方」や

「自分の幸せの邪魔をする考え方」などを決して繰り返してはいないのです。

覚えておいていただきたいのは、**「自分や自分の人生は、あなたがその気にさえなれば、いつだって自由自在に変えられるのだ」**ということ。あなたが自分の中にある「制限」や「限界」をぶっ壊し、自分に幸せをもたらす考え方を受けいれることさえできれば、今度は「引き寄せの法則」が「あなたの新しい考え方」に働き、結果としてあなたやあなたの人生が変化していくのですから……。

あなたの目の前には、一瞬一瞬、「無限の考え方の選択肢」が広がっているのですが、どんな考え方を選ぶかはすべてあなた次第なのです。どうせなら、常に自分にとって都合がよく、しかも素晴らしい結果を運んできてくれる「あなたの幸せの後押しをしてくれるような考え方」を意識的に選んでいきましょう。

「あっ」と言う間に結婚を引き寄せてしまいました!

それではここで、長年抱え込んでいた「自分に制限を課す考え方」「自分に限界を設け自分の望む方向に現実を変えて見事に結婚を引き寄せた、私のコーチングのクライアントの方の本当に素晴らしい体験談をご紹介しましょう。

「今から2～3年前に初めて水谷先生の本を読み、引き寄せの法則の存在を知りました。その後、何人かの彼を引き寄せはしたのですが、それからが上手くいきませんでした。最初はラブラブなのですが、私のほうが飽きられ、上手くいかなくなってしまうか、または話が結婚に進むわけでもなく、別れるでも大切に扱われるわけでもなく、結局自分から別れてしまうか、というどちらかのパターンにいつも陥っていました。

『私は恋愛の引き寄せは上手くいかない』『私が自分の気持ちを表現すると相手が飽きてしまう』『私は愛されるに足りない人間だ』『男の人ってなに考えてるのかわからない』。こんな気持ちをずっと抱えたまま、前の彼と別れて数か月経った頃、水谷先生の恋愛の本を読んだのです。そして、『自分の思考パターンを変えたい！』『結婚して幸せになりたい！』『男の人に大切にされ、愛されたい！』と強烈に思い、先生のコーチングに申し込んだのでした。

コーチングを受ける前に、すでに私は『自分の理想のパートナー』を考えていました。『①目がパッチリの人、②鼻が高い人、③自分より身長が高い人、④お互いの気持ちが繋がっている、⑤安心できる人、⑥一緒にお出かけや買い物を楽しくできる人』というものです。

すると、水谷先生の初めてのコーチングからほどなくして、私は久しぶりにある友人からの電話を受けました。2~3年ぶりの電話だったので、電話を受けた時は『あれ？ この人誰だったっけ？』と思ったほどでした。そして、その友人に突然こう言われたのです。『あなたに紹介したい人がいるんだけど……。その人、背が高い人が好きだって言ってるの』と……（私は背が高いのです）。

初めてその方にお会いした時には、実は『もっと変な人が来るのかな？』と思っていたのですが、案外普通の人が来たと思いました。そして、楽しくご飯を食べているうちに、『優しそうな人だな、いい人だな』という印象を受けました。

それから次の週もご飯に誘われたのですが、その時に彼がメガネをとった瞬間があって、なんとメガネをとると、彼は私が理想のパートナーのリストに掲げていたように『目がパッチリで、鼻が高い』ではありませんか！ この頃から、私のほうは『……ん？』とは思っていたと思います。

その後、何回目かのデートの時に、彼のほうから『付き合ってください』と言われ、すぐに交際に発展していきました。彼と一緒に時間をすごしているうちに、これまた自分の理想のパートナーのリストに掲げた『一緒にお出かけや買い物を楽しくできる人』だということがわかり、私は彼のことを『一緒にいてすごく楽で、理想にピッタリだ』と思い始めていました。

その頃から、私は結婚を意識し始めていたのですが、彼のほうはといえば、なんだかまだ経済的に無理っぽい感じでした。昔の私だったら、こんな時にはひとり焦ってしまい、すぐに『現実を変えよう、現実を変えよう』としてしまっていたと思うのですが、コーチングのお陰で自分の心のほうを整えることに専念できるようになっていました。

『心配しなくても大丈夫！　きっと上手くいくから』と……。

すると、その翌月、彼のほうから『来年カナダに留学することが決まったんだ。一緒について来て欲しいし、それまでに一緒に住みたい』と、突然言われたのです。それからトントン拍子に結婚話が進み、つい先日、ディズニーランドのシンデレラ城の前で彼がひざまずき、婚約指輪を差し出されて、『結婚してください！』とプロポーズを受けました。

その時、実は私のほうはといえば、『うわっ、本当にこうなった！』と大笑いしそうになっていたのです。なぜなら『プロポーズされるならシンデレラ城の前で』と思っていたからです（笑）。『引き寄せって本当にすごいなぁ』と思いましたよ。

今後は、来月の中頃に結納、そして来月の末には入籍をし、その翌月からは彼と一緒に住む予定です。本当に先生のコーチングを受けてからたった4か月で、『あっ』という間にまったく別の世界に来てしまったような気がします。だって去年の今頃は、『私は絶対結婚できない女だ』『私は人と一緒に住めない女だ』と頑なに思い込んでいたのですから……。

それからこの結婚でもうひとつ引き寄せたことがありました。

現在の私は専門的な職業に就いていて、これはもともと自分でやってみたい職業でもあったのですが、実は少し飽きてしまったところもあり、『人生の中でワーキングホリデーをとりたいなぁ？』『のんびりした時間が欲しい』などと考えていたのです。その自由な時間の中でもっといろいろな本も読みたいと思っていましたし、もっと引き寄せも実験してみたいと考えていたからです。

でも、彼のカナダ留学についていくことになって、私も現在の仕事を辞めることになり、この夢もいつの間にか叶ってしまったわけです！

今じっくり振り返ってみると、先生のコーチングを受ける前の自分は、『まるで別世界』に住んでいたようで、それまでの自分の思い込みや制限された考え方のすべてが幻《まぼろし》だった気がします。初めは先生に『自分の考えを疑え』と言われても、『ホントにそうなのかな？』と思っていましたが、今では『すべては自分の勝手な思い込みだった』ということが本当によくわかりました。『世界は自分の思い込みでできている』ということを実感したのです。

それから先生に『自分をお姫様扱いしてくださいね』と言われ、自分自身を大切に扱った効果は絶大でした。それまでの私は、付き合った彼に荷物を持ってもらったこともない、迎えに来てもらったことさえなかったのですが、現在の彼にはもちろんこういうことをちゃんとしていただいてます（笑）。

それから先生にご報告するのを忘れていましたが、今の彼と付き合い始めた頃から、男性に誘われる機会がとても多くなりました（笑）。お姫様扱いと同時に『私はとっても魅力的！』と思えたことが功をなしたのでしょうね。」（NU様より）

自分の人生のルールは、自分で決めてしまえばいい！

恋愛の話が出たところで、ちょっとお話ししておきたいことがあるのですが、「理想のパートナー」を求めていらっしゃる方々からよくこんな言葉をお聞きします。「良い方はもうとっくに結婚していらっしゃって、ほとんど残っていないですよね」と……。悲しいかな、実に多くの方々がこんなことを勝手に思い込んじゃってるのです。

これに対し、私はまたいつも同じ話をしています。「あなたは100人の男性を自分の相手として求めていらっしゃるわけではありませんよね？　この世でたったひとりだけ、あなたの理想のパートナーが存在すればいいんですよね？」と……。もちろん全員の方が「はい、たったひとり自分のパートナーが見つかればいいです」と答えてくださいます。

それを確認した私は、すかさず次の質問を投げかけるのです。「ところで、この地球上にどれだけの人間がいるのかご存知ですか？　答えは、およそ72億人です。そのうち約半数が男性だとすると36億人。その中には子どもや妻帯者もいるでしょうけれど、単純に考えても10億人くらいは独身の方がいらっしゃるかもしれません。こんな10億人もいる中で、あなたのたったひとりのパートナーが本当にいないと言い切れますか？」と……。

まあ、突然こんな話をすると、ほとんどの方が最初は「は、はぁ……」という感じなのですが、自分の考え方に「疑いの目」を向けてもらい、真実をちゃんと直視し、「新しい考え方」を投げかけることによって、「今までの限界だらけの世界」から抜け出していただくことができます。

そして、次第に自分の可能性に気づき始め、「そうよね！　10億もの男性がいるのなら、私のパートナーのひとりくらいは必ずどこかにいるハズよね？」と思っていただけるようになるのです。

何度も繰り返しますが、あなたが「良い方はもうたいてい結婚していらっしゃって、ほとんど残っていない」などと勝手に思い込んでいると、あなたの人生は「引き寄せの法則」によって「その通り」となり、あなたのまわりには「良い男性」が本当に現れなくなってしまいますが、あなたが「私の素敵なパートナーはどこかに必ずいて、近いうちに私の前にきっと現れてくれるはず！」と思うことができれば、これまた「引き寄せの法則」によって「その通り」となるのです。

このようにパートナーの話に限らず、**本当は、あなたの人生の一から百まで「あなたの人生のルールは、あなたが自分の好きなように決めてしまえばいい」**のだということです。

たとえば「幸せのあとには、さらなる幸せがくる！」と、あなたが自分にとって都合のいいように勝手に決めてしまったとします。そして、あなたがそれを「そうだ！」と思い込むことさえできれば、あなたが幸せな出来事に遭遇するたびに、その次にはさらなる幸せが本当にくるような現実が実際にできあがるのだということです。

「私のまわりには、いつも優しい人ばっかり」とか、「使った分のお金は、必ずまた自分に戻ってくる」とか、「虹を見た日には、いつもなにか素敵なことが起こる」とか、「困った時には、どこからともなく助け船が現れる」とか、あなたが「こうだといいな?」「こんな人生だったら素敵だろうな?」と思う人生のルールは、考えてみればたっくさん出てくることでしょう。

実はそこには根拠もなにも一切必要ありません。強いて言えば、「あなたが信じること」こそが「その根拠」だからです。

だって、**人生は「引き寄せの法則」によって、「あなたが思ったり考えたりしたこと」が現実になるしくみになっている**のですから……。

自分なりの「人生のルール」で旅行を引き寄せた！

それではここで「制限」や「限界」を持った考え方などではなく、「自分にとって都合のいいルール」を自ら信じ込み、「見事にそのルール通りの素晴らしい現実」を引き寄せた私のセミナー参加者の素敵な体験談をご紹介しましょう。

「いつも水谷先生の本やブログを楽しく読ませていただいております。本日は、『パリ旅行』を引き寄せたご報告をさせていただきます。

私は、もともとヨーロッパ好きなのですが、ある日、勤務先でたまたまパリを特集した雑誌を目にしたので、ふと手にとってみました。すると、その雑誌の最後のほうに『4泊6日のパリ旅行1名様ご招待』という旅行社のプレゼントキャンペーンを見つけたのです。

私はパリには2回行ったことがあったのですが、モンサンミッシェルを訪れたことがありませんでした。……なので、『心を残しておけば、必ずまた戻ってくることができる！

その時はモンサンミッシェルに行こう！』と、過去2回の渡仏の際に心に誓っていました。
なぜそのように考えていたかというと、以前読んだ小説か漫画で、『心を残しておけば、必ずまた戻ってくることができる！』というセリフがあったのです。当時、高校生くらいだった私には、この言葉がとてもロマンチックで素敵なことに思えて、今でも強く印象に残っているのです。

プレゼントの応募を見つけた時には、『ついにモンサンミッシェルを訪れる時がきた！』と強く感じました。何度も写真で見たことがある憧れの場所ですから、霧に浮かぶその姿を瞼《まぶた》の裏に映すのは簡単です！　もうすっかり行ったつもりになって応募しました。また、当選前から仕事のほうも『旅行のためのお休み希望』を入れて、少しずつ旅行の準備も始めていたのです。

すると、約ひと月後、本当に待ち望んだ当選のお知らせと旅行の申込書が私の元へと送られてきました。ついに念願だったモンサンミッシェルを訪れる夢が叶ったのです！　当選者は全国で『たった1名』だったというのに……（笑）。

そして、先々月のこと。実際に『霧の中に浮かぶ神秘的で美しいモンサンミッシェル』を見た時には、『やっと来れた～っ！』という大きな喜びと、自分のこの目で見られたことへの感動に溢れてしまいました。

水谷先生、思考を現実にしてくれる宇宙さんって本当にすごいっ！　素晴らしいですね！　『私は宇宙さんと繋がっているのだ』と心強く感じています。こんな素敵なことを教えてくださって、本当にありがとうございます！」（ＭＭ様より）

Ｍさんの今回のパリ旅行が現実化したのは、この「心を残しておけば、必ずまた戻ってくることができる！」という、Ｍさんがまったく個人的に信じ込んでいた人生のルールがもたらした賜物《たまもの》に違いありません。

このように、**自分なりの「素敵な人生のルール」をドンドン作り上げちゃえばいい**ってことです。

「他人からの評価」や「他人の目」なんて一切気にしなくていい

さて、この章の最後に、もうひとつ、私たちを「がんじがらめ」にしているものについてお話ししておきましょう。

それは「他人から自分はどう見られているのか?」「まわりから自分はどう評価されてしまうのか?」といった「いつも他人の目や評価を気にしてしまう自分」です。

私たちは、小さい頃から「人から後ろ指をさされるようなことはしちゃダメよ!」「マナーを身につけておかないと、人様に笑われるのよ!」「みんなから常識のない人だって思われるわよ!」などと、繰り返し繰り返し言われて育ってきてしまいました。それ故「自分がこれをやりたいという気持ち」や「純粋にこれが好きだという感覚」が出てきたとしても、「こんなことをしたら、まわりの人に笑われてしまうかも?」とか、「変な人って思われたらどうしよう?」とか、「みんなにバカにされたら嫌だな?」などと考えてしまい、またまた知らず知らずのうちに自分を「制限」したり、「限界」を設けてしまったりしています。

そして、結局、この「他人の評価」や「他人の目」を自分の「やりたい」「好きだ」という気持ちより優先させてしまい、「やっぱり人に笑われるぐらいならやめておこう」などと考えて、そもそもなにかをやる前からあきらめてしまったり、「もし失敗して、人に後ろ指をさされるようなことにでもなったら?」などと思って不安になり、恐怖でその先へは一歩も踏み出せなくなってしまうのです。

また、「いい人だと思われたい」「嫌われたくない」などと思うがために、自分の気持ちや機嫌よりも、人の気持ちや機嫌ばかりを優先し、「本当は言いたいことがあるんだけど、彼女が怒ったりしたら嫌だから」と、自分で我慢ばかりしてしまったり、「本当は結婚して遠くの地で暮らしてみたいけど、それじゃあ親が悲しむから」と、地元の人とお見合い結婚することで自分を妥協させてしまったり……。こんなことをしていては「思い通りの人生を生きる」どころの話ではなく、あなたの本当の幸せからドンドンかけ離れていくばかりです。

世間には「自分がなにをしたいのかさっぱりわからない」「自分の好きなことが見つかりません」という方がそれはもう大勢いらっしゃるのですが、結局こうなってしまうのは、それまでの人生でいつも「他人からの評価」や「他人の目」ばかりを最優先にしてきてしまった結果に他ならないのです。そして、そんなことをしている間に、完全に「自分の気持ち」が見えなくなってしまったわけです。

あなたは他の誰の人生を生きるのでもなく（たとえば「お父さん」や「お母さん」の人生を生きるわけではなく）、「あなた自身の人生」をしっかりと生きなければなりません。

あなたを小さくて苦しくて暗い「牢獄」から解放し、身体中にグルグルに巻きつけられた「制限」「限界」といったロープをドンドン解き、さらには「あなたの思い通りの幸せな人生」を創り上げていけるのは、「あなた」以外には誰もいないのです。

これからは、「他人にどう評価されるのか？」「他人の目に自分はどう映るのか？」など一切気にしないようにし、ますます自分を伸び伸びとした自由な世界へと解放してあげましょう！　自分の人生は誰がなんと言おうと自分で決めるのです。

そして、「なにが自分を幸せにするのだろうか？」「私はなにが好きなんだろう？」「自分の本当に望むことはなんなんだろう？」と、いつもいつも考え、たとえそれがどんなにささやかなことであろうと、どんなものであろうとも、自分の心に正直になって、自分のフィーリングが感じる通りの方向に向かっていってください。

つまり、**自分の正直な心の声にいつも耳を傾けておくこと**です。

やりたいことをやり、食べたいものを食べ、着たい服を着、行きたいところへ行き、住みたい場所に住み、あなた自身にいっぱい「喜び」や「楽しみ」を運んできてあげましょう！　あなたには幸せになる価値があり、あなたはそれほど素晴らしく、すっごい存在だからです。

「制限」や「限界」だらけの世界には、本当はまったく似つかわしくない存在なんですよ！

Chapter 4

ほんの小さな
心がけひとつで
「あり得ない!」ことが
本当になる!

あらゆる面で私たちは無限の可能性を秘めている

さて、「引き寄せの法則」や「ビジュアライゼーションのやり方」を知り、自分の望んだものや状況が少しずつ現実化できるようになっていくような方々でも、実際には「靴」や「バッグ」や、せいぜい「ダイエット」ぐらいの望みで相変わらず留まっていらっしゃる方が結構いらっしゃいます。

これは、つまり、「自分の創造力が、どんなに驚異的で素晴らしい力を発揮してくれるのか」ということをまだ十分には感じていただけておらず、「自分の創造力で現実化できるのは、せいぜいこの程度のことよね？」と、自分の頭の中でまだまだ無意識に「限界」や「制限」を設けてしまっているためです。

この章では、「いえいえ、私たちには靴やバッグ以上のことを望める、ものすご〜い力が本当にあるんですよ！」ということを具体的にお伝えし、みなさんの頭の中の「制限」や「限界」をもっともっと広げたり、取っ払ったりしていただきたく、「創造力のさらに賢く上手な使い方」を、そして、「本当に自分の思うがままに自由自在に生きる方法」をお話ししていきたいと思います。

聖書の中にもこんな言葉があるのをご存じでしょうか。

「祈り求めるものはすべてすでに得られたと信じなさい。そうすれば、その通りになる」（マルコによる福音書11章24節）

そう、**私たちがイメージできること、私たちが考えることができることは、「すべて」現実化することが可能なのです。あなたが「それ」を信じることことさえできれば……。**

さて、日本には「火事場の馬鹿力」という諺《ことわざ》がありますよね？　家が火事になった時に、置いてあったタンスを背負って逃げ出したという逸話から、「人は、とんでもなく追いつめられた時に、本来ないほどのパワーを発揮する」という意味で使われていますが、実際、私たちの身体にはいつも力を自動的にセーブする「リミッター機能」というものが働いているようで、本来持っている力の数割程度しか出せないようになっているのだとか……。でも、危機的な状況下などにおいては、この「リミッター機能」が外れて、普段の何倍ものパワーを発揮するのだそうです。

つまり、**そもそも身体的な面においても、私たちはまだまだ果てしない可能性を秘めて**

いるってことですよね。

自分の中の「創造力」の力を徹底的に信頼してみよう！

いつだったか、あるテレビ番組の中で、実際に起こったという こんな出来事を目にしたことがあります。

確か、アメリカで起きたことだったと記憶していますが、20歳過ぎの青年が隣に住む、普段から彼がとても可愛がっていた5歳くらいの少女の命を救ったというストーリーでした。

ある日、少女がガレージの前で遊んでいると、少女がうずくまって遊んでいることに気づかなかった彼女の祖父が、乗り込んだ車をいきなりバックさせてしまいました。ちょうどその時、隣に住む青年は、大学かどこかへ出かけようと家を出たところでした。そして、彼は車の下敷きになっているお隣の少女の姿を突然発見してしまったのです。

慌てふためいた彼は、なんとかこの可愛がっている少女の命を救いたいという一心で、なんと、突然、ひとりで車を持ち上げて少女を救い出したというではありませんか。お陰でこの少女の一命はとりとめられ、現在も元気に過ごしているのだとか……。

20数年前、私がアメリカに住んでいた時にも、これとまったく同じようなストーリーをテレビで見たことがありました。その時は60代の母親が車の下敷きになった息子を助けようととっさに車を持ち上げて救い出したという話だったのですが、いずれにせよ、車の重量は少なくとも1～2トンはあると思うのですが、このような出来事は身体的な「奇跡」以外のなにものでもなく、「人間の持つ果てしない可能性」を垣間見せてくれる素晴らしい話だと思います。

また、今お話ししたような身体的な「奇跡」だけではなく、私たちは普段、大脳の140億個の脳細胞のうち、わずか5～10パーセントしか使っていないという話も聞いたことがありますが、私は精神的な能力についても、同じように「限界」が外れた時には「火事場の馬鹿力」的なものすごい力を発揮するものだと考えています。

ずいぶん昔になにかの本で読んだことのある実話なのですが、インドのある学校での数学の授業中に、ひとりの生徒が居眠りをしてしまっていたのだそうです。

授業が終わって目を覚ました彼は、黒板に書いてあったふたつの数式のようなものを

「宿題」だと思い、慌ててノートに書き写しました。そして、家に帰ってその宿題をやったのですが、結局2問中1問しか解けなかったそうです。

しかし、実は、先生が黒板に書いたそのふたつの数式は、今まで世界中の誰も解けた人がいなかったという問題で、居眠りをしていてそんなことだと知らなかった彼は、「宿題」だと勘違いしていたばかりに、なんと、それを見事に解いてしまっていたとのことでした。

この話は、「世界中の誰も解けた人はいない」という「制限」を彼がまったく受けていなかったがために、精神的な能力の「限界」を無意識に外していた好例かと思います。

このように「身体的」であれ「精神的」であれ、「火事場の馬鹿力」的な驚異的な能力を発揮する時には、たとえ一時的にせよ、人は自分自身に「限界」や「制限」を設けておらず、したがって「そんな無茶なことができるわけがない！」とか、「絶対無理に決まっている！」などといった自分の中の無限の可能性の邪魔をするような「思い」や「考え」をまったく出していないのでしょう。

つまり、**「自分の頭の中の限界」を広げたり、取っ払ったりしていけばいくほど、私たちは普通では「あり得ない！」と思うほどの「奇跡」や「魔法」をいくらでも現実化していけるのだ**ということです。

信じられない！　憧れの映画俳優さんとまるで家族同然になるなんて!!!

それではまずここで、私が以前コーチングの最中にあるクライアントの方からお聞かせいただき、私自身が「へ～っ、そんなことって本当にあるんですね～？」とビックリした体験談をご紹介させていただきましょう。

「今から10年以上前の２００３年に、たまたま観た韓国映画に出演していたある俳優さんのファンになり、『よし！　韓国語を勉強して、いつか会えた時には、あなたの演技に感動して、韓国語でそれを直接伝えたかったので勉強しましたと言おう！』と、ただただ夢を見て過ごしていました。彼に会えた場面をいろいろなパターンで想像しては、毎日ひたすら楽しんでいた記憶があります。

当時はまだ韓流ブーム前でしたので、現在のようにイベントもまったくなく、会える見込みもなかったのですが、それでも会えた時の会話まで練習したり、相手や自分の表情までをも考えながら過ごしていました。

そんな毎日を過ごして一年ほど経った頃、その俳優さんの大ヒットドラマが日本でテレビ放送されることになり、彼の来日が決まったのです。

サイン会もあったので、その時にずっと言いたくて練習していた一言を伝えることができました。『あなたの演技に感動して、韓国語でそれを直接伝えたかったので勉強しました！』と……。その後、空港へのお見送りにも行き、そこではツーショット写真も撮っていただき、それがきっかけで私のことを覚えていただけたようです。

その俳優さんは、私が韓国語で直接伝えたくて勉強したということをとても喜んでくださり、後に私が韓国留学をした際には、現地で参加したイベントで、彼のマネージャーさんを通して連絡先を交換することになり、それから彼が出演する映画の試写会に招待していただいたり、舞台挨拶後に一緒にお茶をしてくれたり、お仕事前の控え室に呼んでいただいたりと、本当に良くしていただくようになったのです。

また、こんなこともありました。その日は韓国の空港で出待ちをしていた時だったのですが、出てきた俳優さんにいつものようにお手紙とプレゼントを渡すと、『いつも本当にありがとう』と言って、他の乗客が次々と出てきている到着ロビーで、突然カートからスーツケースを下ろし、彼自身が愛読していた本をサインとメッセージ入りで私にプレゼントしてくださったのです。『韓国語の勉強になるように』と……。もちろん、その間は『○○さんじゃん！』とCAさんや乗客の方々が気づいて驚いていました。

また別の日にも本をプレゼントしていただきました。この時も空港で彼のお見送りをしようと私は他のファンの方々と待っていた時だったのですが、私の顔を見るなり『今からちょっと本を買ってくるから待っていて……』と、マネージャーさんも置いて空港内の本屋さんに突然買い物に行かれたのです。そして、『この前プレゼントした本は内容が難しかったから……』と、新しい本をプレゼントしてくれました。

そして、その俳優さんは昨年ご結婚されたのですが、なんと、私を結婚式にも招待してくださり、『これからはファンと俳優ではなく、家族のようになりたい』と言っていただき、本当に言葉では表現できないうれしさが溢れだしました。

『韓国の芸能人の方はファンに優しい』とよく耳にしますが、結婚式という大切な場所に、ご親族、ご友人、韓流スターの方々と共に、ファンである私を招待してくださったことは、今でも感謝の気持ちでいっぱいで、思い出すとうれし涙が出てしまうくらいです。

偶然、2003年にレンタルビデオ店で手にした韓国映画の中の俳優さんと本当に会えて、自分の思いも伝えられて、しかも家族同然のお付き合いをさせていただけることになるだなんて、いまだに何度考えても不思議でなりません。本当に何の疑いもなく、ただただ信じて思い続けていることは叶うものなのですね！」（ＨＢ様より）

私自身が、歌手や俳優の方々の追っかけをしたくなるほどの熱烈なファンになったことがないので、自分の創造力をこういった形で使った経験がなかったこともありますが、それにしても単なる一ファンが憧れの俳優さんと、しかも日本の方ではなく異国の俳優さんと家族同然のように親しくなり、しかも結婚式にも招待されちゃうだなんて、本当に想像を絶するほどの素晴らしい体験ですよね。

そもそもＨＢさんの考え方の中には、普通の人がついつい考えてしまうような「有名人とお近づきになるなんて、無理に決まってるわよね？」とか、「たかが一ファンが俳優さんと親しくなれるわけがない！」などといった「自分を制限してしまうような要らぬ考え」がまったくなかったのでしょう。

そして、子どものように無邪気に「彼に会える日」を信じて、ひたすら楽しみながら待っていたに違いありません。

私たちの「創造力」って本当にすごいと思いませんか？

夢や希望はできれば他人に話さないほうがいい

いろいろな方々と日々お話ししている中で、よくこのようなお話しをお聞きすることがあります。

たとえば「自分の将来の希望を家族に話したら、親に『なにバカみたいなこと言ってるの！　現実をちゃんと見なさい、現実を！』って言われて落ち込んでしまいました」とか、「友人に自分の夢を語ったら、『そんなこと叶うわけないじゃない！』と笑われてしまい、自分も『そうよね、やっぱり無理よね』と思ってしまいました」などなど……。

つまり、せっかくワクワクドキドキするような自分の夢や希望が見つかったのに、まわりの方々にそれを語ってしまったがために、否定的な言葉を次から次へと聞かされてしまい、結局、自分でも自信を失って「ダメだ！」とか、「無理だ！」とか思ってしまうというケースです。

そして、残念ながら多くの場合、そこで夢や希望に一歩も踏み出すことなくあきらめて終わってしまうか、仮にチャレンジしたところで、「ダメだ！」「無理だ！」と思いながらやったものは、「引き寄せの法則」によって「ほら、やっぱりダメだった！」「ほら、やっぱり無理だった！」という結果になってしまうことになります。これでは本当にもったいないですよね。

現実を見渡してみると、まだ圧倒的多数の方々は「引き寄せの法則」の存在さえ知らず、ましてや「奇跡」や「魔法」を自分で起こすことができるなどとは到底信じることなどできないようです。

私から見れば、95パーセントくらいの方々は、このような話をしても「どうせおとぎ話でしょ？」と意に介さないことでしょう。

まわりの方々にあなたの夢や希望を知ってもらい、応援してもらいたい気持ちは私にも痛いほどわかりますが、そもそも理解していただけないような方々に語り、否定的な言葉を浴びせられて、あなたが凹んでしまったり、夢や希望をあきらめてしまうのであれば、それは本末転倒以外のなにものでもありません。つまり、**「あなたの夢や希望は、できるだけ他人に話さないほうがいいですよ」**ということです。

私自身、今までに「奇跡」や「魔法」を山のように起こしてきましたが、その過程の中では、まわりの方々から否定的な言葉をこれまた山のように聞かされ続けてきました。「君にはそれは無理だ！」「傷つくのはあなたよ！」「なにバカみたいなこと言ってるの？」「そんなこと叶うわけがない」「もっと現実をちゃんと見なさい」と……。

もちろん、中には私のことを心配して言ってくださっているケースも多々ありましたが、このような言葉をいちいち鵜《う》呑みにしていたら、今のような「奇跡」や「魔法」を次々に起こせるような自分は決して存在し得なかったことでしょう。そして、このような否定的な言葉を聞かされるたびに、私は心の中でいつもこう思っていたのです。「私の人生は、いつだって私自身が決める！」と……。

さらには、私の場合はすでに「引き寄せの法則」も理解していましたし、「奇跡」や「魔法」を自分の人生の中で実際に何度も何度も起こしてきましたので、たとえこのような言葉を聞かされたとしても、「ご忠告ありがとうございます！　でも、見ててくださいね！必ずまた奇跡は起こりますから……」と心の中で思っているくらいでビクともしません。

……が、まだ「確信」が植わってない方々は、他人の否定的な言葉に簡単に影響されてしまうのです。

あなただけが確信すれば、必ず「それ」は叶う！

さて、ここでみなさんに「吉報」があります！　それは**「あなたの人生に関することは、すべてあなたの創造力が決めるのだ」**ということ。

つまり、この世でたったひとり、「あなた」だけが「それは叶う！」と思っていれば、「それ」は必ず叶うのです。

そこには「うん、それはきっと叶うよ！　私もそう思う」などという「あなた以外の賛同者」は、ひとりも必要ありません。

言い換えれば、たとえば「引き寄せの法則」というものが、「あなたの望みを現実化するためには、千人の賛同を得なければいけない」な〜んてものであったとしたら大変ですよね？

片っ端からまわりの人々に自分の夢を語り、「ねっ？　私のこの夢、叶うと思ってくださる？　思ってくださらないの？　どうして？　もういいです！」なんてことが必要だとしたら、いったいひとつの夢を叶えるのにどれだけの時間と労力がかかることでしょう？

でも、こんなことは一切必要なく、あなたひとりが心の中で「それはきっと叶う」と思っていればいいだけだということです。これは素晴らしいニュースでしょ？

まあ、「アイスクリーム」や「ハンカチ」程度のものを望む場合なら、誰か他の人に話したとしても、「まあ、偶然、誰かからもらうなんてことはあり得るかもね？」などと賛同されることもあるかもしれませんが、あなたの夢や希望が大きくなればなるほど、また他人からすればちょっと突拍子のないようなものに映るようなものであればあるほど、まわりの人々から否定的な言葉を聞かされる羽目になることでしょう。

それは仕方ありません。彼らは「奇跡」や「魔法」を実際にまだ体験したこともないのですから……。

でも、誰にも話さなくても、誰にも賛同してもらわなくても、また、たとえ千人、一万人の人たちに「君には無理だ！」と宣言されようとも、「引き寄せの法則」はいつもあなたの心に応じて働いており、**この世でたったひとり、「あなた」だけが「それは叶う」と確信していれば、それはいつだって必ず叶うことになっているのです。**

「100万円が降ってきました〜っ!!!」

その昔、「引き寄せの法則」に遭遇し、生まれて初めての意識的な「ビジュアライゼーション」で「アメリカ留学」「パートナー」と共に、その留学の費用のための「100万円」も望み、その後、「アメリカ留学」も「パートナー」も、しかも「結婚祝い」という形で父親から「ピッタリ100万円」をも引き寄せるという結果になり、びっくり仰天してしまったという経験が私にもありますが、私のコーチングの元クライアントの方からも「予想外の形で100万円を引き寄せました!」という素晴らしい体験談をいただきましたので、ご紹介させていただきましょう。

「水谷先生、お久しぶりです。以前コーチングいただきましたISです。今までにも面白い形でいろいろなものを引き寄せてきましたが、これまでで最高の引き寄せができたのでご報告します。

今年の1月の三連休、消費税増税前のことです。『どうせ買うなら今のウチだ～っ！』とスイッチが入ってしまい、欲しかったフェンディやヴィトンのバッグ、カシミアのコートなど、占めて80万円ほどお買い上げしてしまいました……。『しばらく買い物禁止！』と自分を戒《いまし》めましたが、『あ～、100万円くらいどこからか降ってこないかな～？』と、またしても都合のいいことを考えていました。

しかし、そんなに都合よくいくわけもなく、カードの請求もきて支払いも済ませ、忙しい毎日に100万円のことはそのうち忘れていました。

そして、あっという間に3月の人事異動の季節になりました。そこでひっくり返るような驚きの昇進が……！　しかも、私が長年目標にしてきたポジションにつけることになったではありませんか！

もちろん、お給料もアップ！　後日、給料明細を見て驚きました。年間で換算すると、なんと、ちょうど100万円くらいアップする計算になっていたからです！　『ウソでしょ～、宇宙さん！』と、思わず叫んでしまいました。

私が望んできた昇進と、100万円が一緒にやってきたのですから、宇宙さんはなんと粋なはからいをしてくれたんでしょう。ありがとう、宇宙さん、もう最高です！」（IS

様より）

たとえば自分以外の誰か他の人に「私、憧れの有名人とお近づきになりたいのよ」とか、「100万円どっかから降ってこないかな？」などと語ったとすれば、先ほどお話ししたように、多くの場合「なに夢みたいなこと言ってるの？」とか、「そんな都合のいいこと起こるわけがないでしょう？」とか、「あり得ないことなんて、そもそも考えないほうがいいわよ！」などと言われてしまうことになりかねませんが、**誰に否定も賛同もされずとも、「あなた」だけが心の内で「そうなる」と思っていれば、「それは叶うのだ」**ということが少しはおわかりいただけたことと思います。

そして、もともとこのISさんは、すでに「引き寄せ」がとてもお上手な方なのですが、**自分の思いを無邪気に伸び伸びと発信し、そして自分でも忘れてしまうほどに安心してお任せしていると、このように宇宙が「あなたにピッタリの方法」をなにかしら考え出してくれて、それをあなたの元へとちゃ～んと届けてくれる**のもおわかりいただけたことでしょう。

私も「宇宙のはからいって本当に粋《いき》だったり、面白かったりするなぁ？」と感心してしまうことがよくあるのですが、ISさんの念願の「昇進」とセットで「100万円」もやってくるなんて、本当にとってもと～っても「粋」ですよね！

「こんな夢は実現しない」と決めつけていると「それ」は実現しない

さて、ここでもうひとつ大切なお話をさせていただきましょう。

前述の「憧れの映画俳優さんとまるで家族同然になったHBさん」にしても、「100万円が降ってきたISさん」にしても、**「自分の願いや夢が、どこからどのようにしてやってくるのか？」、つまり「プロセス」を一切考えていない**ことがおわかりになることでしょう。

言い換えれば、このおふたりは基本的に「なんでかわからないけど、そうなっちゃうのよね～」というスタンスでいらしたということです。これは「引き寄せの重要なコツ」のひとつです。

でも、多くのみなさんは、先ほどお話ししたように、誰か他の人に話してしまい、否定的な言葉に夢や希望を打ち砕かれて、まだ一歩も踏み出さないうちからあきらめてしまうか、あるいは、夢や希望を抱いたものの、その後、それらと正反対にある「現在の状況」を目の当たりにしてしまい、「やっぱり無理に決まってる」と、また自分自身で勝手に思い込んでしまうのです。

これは**自分で理由やプロセスを考えてしまっているため、「いったいこんな現状から、どうやって夢が実現するわけ?」と勝手に決めつけてしまうからです。そして、そう思ってしまうがために、残念ながら「それ」は実現しない**のです。

もうちょっと具体的に、わかりやすくご説明しましょう。

先月、私は九州でのセミナー開催のために福岡に出張に行く予定がありました。出かける数日前に天気予報を確認すると、大型台風が九州を北上し、セミナー当日には、なんと福岡直撃になっているではありませんか!

「私も現地にたどりつけなかったら困るし、参加者のみなさんも足元の悪い中で来ていただくのは大変よね? これはビジュアライゼーションしておくしかないなぁ?」

そう思った私は、パソコンで見た天気図を心の中で描きながら、「九州北上」の進路ではなく、「右にそれる(つまり東にそれる)進路」をイメージしました。そして、

「ああ、良かった！　なんでかわからないけど、やっぱり台風それちゃったよね～！　やった～！」

と大喜びしている自分を見ておいたのです。

さて、福岡セミナー前日の出発の日、私の住む三重県でも少し雨が降り始めてはいましたが、新幹線の遅れもまったくなく、予定通り無事に名古屋駅を出発しました。

途中、広島あたりだったでしょうか？　窓の外を見れば、そこはまるで「嵐」の様相です。

たぶん、普通の方だったら、こんな嵐の真っただ中にいれば、「福岡にも台風直撃かも？」とか、「明日はお天気になるなんて、やっぱり無理な相談なのかなぁ？」などと、不安や心配が次々に出てきてしまい、心がグラグラ揺れてきてしまうのかもしれませんが、私の心の中はなんのその、相変わらず「こんな強烈な嵐を見せつけられたって平気だもん！　福岡はどうせ晴れてるんだから。あはははは……！」って感じだったのです。

そして、福岡に近づくにつれて本当に晴れ間が広がっており、着いた時には傘もいらず、「やっぱり～！」とゲラゲラ笑いました。そして、その日の晩、福岡のホテルで天気予報を見てみると、なんと、台風は見事に右にそれて、私の居住する三重県を直撃しているではありませんか。

台風の直撃を受けてしまった地域の方々にはお見舞い申し上げますし、私も親戚や友人から「台風大丈夫？」とご心配のメールを多々いただいたのですが、お陰様で私自身は福岡にいたので全然平気であり、翌日も雨ひとつ降らず、セミナーも無事全員参加となった次第でした。

おまけにセミナーが終わって、私が福岡から三重に戻る頃には、台風がすでに通り抜けていて、これまた新幹線の遅れもまったくなく、三重に戻っても「まるでなにごともなかったかのような感じ」だったのです。

たとえ嵐の真っただ中でも、心の中ではひたすら晴天を見続けていること！

今の話で少しおわかりいただけたかと思いますが、たとえば「晴天」の中で「晴天」のことを考えるのは誰にとっても簡単なことなのですが、なにか理想を望むような状況下では、時として「嵐」の中でさえも「晴天」のことを考えなければいけないってことです。

そして、多くの方がここでつまずかれてしまうケースがあるということ。

たとえば、「理想のパートナー」を望んでいて、理想のパートナーを「ビジュアライゼーション」したとします。

最初のうちはワクワクウキウキしているものの、しばらく経ってみてもまだ彼氏が出現する兆しはどこからも感じられず、街を歩けばカップルばかりが目に入ってくる中で、自分はといえば相変わらずひとりぼっち……。そして、ここで、「いったいどこからどうやってパートナーがやってくるっていうのよ！」とか、「やっぱり望みなんて叶わないんじゃないの？」などと、不安や心配をバンバン出してしまい、「奇跡」や「魔法」を信じ切ることができず、結果「ほら、やっぱりパートナーは現れなかった」という現実を引き寄せてしまうのです。

また、「豊かさ」を引き寄せたい方は、いつも「豊かさ」のことを思ったり、考えたりしている必要がありますが、請求書の山を目にしては「あ〜あ、いったいどうやったら豊かさがくるっていうんだ！」とか、銀行残高が少ないのに気がついては「やっぱり望みなんてそう簡単に叶うわけがないよね」などと、これまた不安や心配などをドボドボと発信してしまい、結果「やっぱり豊かさなんてこないよね」という現実を引き寄せてしまうことになります。

つまり、**たとえどんなに目の前の「現状」が、あなたの理想と正反対でも、たとえ「嵐」の真っただ中にいようとも、たとえ目の前に「槍《やり》や鉄砲」が飛び交っていようとも(笑)、あなたの心の中だけは、いつもしっかり「夢」や「希望」のほうへ向けていてください**ということです。

そして、「それ」が叶う理由やプロセスは、いつも一切考えず(繰り返しますが、自分で現実的に考えようとするから「不可能だ」と思ってしまうわけです)、常に「なんでかわからないけど、そうなっちゃうのよね~」というスタンスをできるだけ身につけるように心がけましょう。

先ほどもお話ししましたが、**「引き寄せ」に「どうしてそうなるの?」などという理由や説明は一切必要ないのです。**ただひとつ理由があるとすれば、あなたが「そうなる」と思ったから「そうなった」というだけです。しかも、宇宙が考え出してくれる「現実化」のプロセスや方法は、多くの場合、私たちの人知をはるかに超えたようなやり方なのですから……。

さらにさらに「限界」を広げていくと、どうなるか？

さて、みなさんの中にも世界ナンバーワンの自己啓発コーチと呼ばれているアンソニー・ロビンズ氏の名前を聞いたことがある方もいらっしゃるかもしれませんし、彼の著書をお読みになったことのある方もいらっしゃることでしょう。

私は実際に体験したことはありませんが、彼のセミナーではセミナー参加者に火の上を歩かせるという「火渡りの体験」をさせるのだと聞いたことがあります。そして、本当にみなさんが火傷を負うことなく火の上を渡るのだとか……。

これを聞いた時、私は「なるほど！　彼は私たち人間が持ってしまった限界を外しているんだな？」と思いました。こんな話を聞けば、多くの方は「あり得ない！　火傷でもしたらどうするの？」とか、「なんてバカげたことをさせるのかしら？　おかしいんじゃない？」などと感じるのかもしれませんが、私はそうは思いませんでした。

なぜなら、私の場合は「火傷に強い身体」を実際すでに自分自身で創ったことがあるからです。

アメリカに渡ってすぐの頃の話ですので、今からかれこれ25年くらい前のことです。

ある日、私は、アメリカ人の義母の料理の手伝いで、ハラペーニョペッパーという緑色の唐辛子を素手で触って調理していました。当時の私は、このハラペーニョペッパーというものの知識がまったくなく、「ピーマンの一種」だとばかり思っていました。

すると、その日の晩、私の両掌《てのひら》は、まるで火でも噴き出しているかのごとくの熱と痛みに襲われ、わけもわからず泣きながら病院に駆け込むと、「ハラペーニョペッパーによる大火傷」と診断され、両掌を包帯でグルグル巻きにされてしまったのです。

翌日に大学の入学試験かなにかを控えていた私は、お医者様から「なに、明日は試験？　そりゃ、そんな手じゃ無理だよ」と言われたのですが、それでも痛みを必死にこらえて試験に向かった記憶があります。

幸い、この緑色の唐辛子による大火傷では跡も一切残らずに済んだのですが、それまで大きな火傷というものを経験したことのなかった私には、この時の痛みがあまりにも強烈だったので、その後、「よし！　こんな体験を二度としないためにも『火傷にめっぽう強い私』を創ろう！」とハタと思い立ち、そんな自分をビジュアライゼーションしたのでした。

それ以降、ちょっとした火傷は何度か経験しましたが、そのたびに火傷のところに水を少し流しておけばすぐに治るようになりました。

そして、その後、忘れもしない出来事が起こったのです。

ある日のこと。私はアメリカでのアルバイト先であったタイレストランで仕事をしていました。できたてのグツグツ煮えたぎっている「トムヤムクン」をお客様に運ぼうとしたその時、スープの器《うつわ》を壁かなにかに接触させてしまい、自分の手の甲にスープがバシャッと被ってしまったのです。

「絶対、大丈夫だ！」そう思った私は、冷静に手を水に浸しに行き、驚いて駆けつけてくれたオーナーが確か氷を用意してくれたので、それをちょっとの間は当てていましたが、あとは安心して放っておき、すぐに仕事も再開したのです。

数時間後、アルバイトを終えて帰る頃には、手は多少赤くはなってはいたものの、不思議なことに痛みもほとんどありませんでした。

そして翌日、痛みはもちろん、驚いたことに手の赤味さえもまったく消え、どっちの手にスープをひっくり返してしまったのかもわからないほどになっているではありませんか！　そして、この日、再びアルバイト先のタイレストランに行くと、私の手がすごいことになっているのではないかと心配してくれていた全員に「あり得ない！」と呆れられるほどにビックリされてしまったのです。なぜなら私の手が「いつもとまったく変わらず、きれいな状態」だったからです（笑）。

この時の私は「引き寄せの法則」を知ってからまだ数年後のことだったのですが、この体験で「自分の中の無限の可能性」をチラッと見た気がしたのです。**「自分の創造力を使えば、常識だと考えられていたことも本当に超えられるのかも？」**と……。

また、「こんなことをすれば絶対にこうなるなどという考えも、もしかしたら自分がずっとそう思い込んでいるからそうなってしまうだけなのかも？」と気づき始めたのです。

だからこそ、ここで最初にお話ししたアンソニー・ロビンズ氏の「火渡りの体験」という話を聞いても「うん、あり得る！　あり得る！」と、すぐに納得したわけです。

そして、実際にその後の私は、かれこれ15年くらいの間ずっと「火傷にめっぽう強い私」であり続けたのでした（みなさんにお願いなのですが、「火傷に強い自分」を創ろうと、あえて自分から火傷をするような実験などはくれぐれも行わないでくださいね、念のため……）。

「奇跡」や「魔法」が解けてしまう時がある？

Chapter2の最後に「信じること」と「知ること」についてのお話をさせていただきましたが、この「信じること」「知ること」の邪魔をしてしまう、つまり、**あなたの夢や希望の「現実化」を阻んでしまう最大のものが「疑い」**です。

この「疑い」もひとつの「思い」ですから、当然のことながら「引き寄せの法則」によって、「あなたが疑った通りの結果」を招いてしまうことになります。

さて、ここでちょっと余談なのですが、先の「火傷にめっぽう強い私」という話の延長線上で、私はこの「疑い」に関する非常に面白く、興味深い体験をしてしまいましたので、みなさんの今後のご参考になればと思い、ここでお話しさせていただこうかと思います。

煮えたぎったトムヤムクンのスープを手にひっくり返して以来、私の心の中にはますます「火傷にめっぽう強い私」という考え方がしっかり植わり、私にとってそれは極々普通の「当たり前のこと」となりました。

そして、実際その後も何度か火傷には遭遇したものの、やっぱりいつも「なんともない」ということばかりが続いていたのです。

そんな状況のまま、15年という長〜い歳月を過ごしていたある日のことでした。

その日、私は夕食の準備でコロッケだったか、油を使ってなにか「揚げもの」をしていたのです。その時、油を見つめながら、本当に突然になぜだかこんなことを考えてしまったのです。「そういえば、私って火傷にめっぽう強くなったけど、よくよく考えてみたら、これって変じゃない？　少なくとも普通じゃないわよね？」と……。

すると、次の瞬間、揚げものの中身がいきなり「パン！」とはじけて、なにかが私の左腕に飛んできました。「痛タタタッ……!!!」。それまでの長い間、火傷をしてもほとんど痛みすら感じなかったのですが、その日ばかりは、なぜだか妙に激痛が走ったのです。そして、それまでと同じように一応その箇所をすぐに水で流し、後は放っておきました。

しかし、数日経ってもまだズキズキとした痛みが治まらなかったので、ある日、しっかり患部を見てみると、なんと、真っ黒になって膨れ上がった傷跡がくっきり残っているではありませんか！　その時になって、ようやく私は「あれれ？　私、なんか変なことやっちゃった？」と改めて気づいたのです。

「あ～っ、そうか！　せっかく『奇跡』や『魔法』が15年も続いていたのに、私がこの前、『火傷に強い私のほうが変じゃない？』って、突然あまりにも現実的で常識的な自分に戻って自分を疑っちゃったから、今度はそっちがまた現実化しちゃったんだ！　うわっ、元に戻っちゃったのね？　大変、たいへ～ん！」と……（笑）。

この頃の私は、自分の夢や希望をすでに山のように引き寄せるという体験を積んでいましたので、自分の中から「疑い」というものがほとんど出なくなっており、したがって本当に久しぶりに「疑い」という思いを出し、「疑いも、やっぱり見事に自分に引き寄せるのだ」という現実を目の当たりにし、改めて「疑い」の威力を感じたのでした。

しかも、「火傷にめっぽう強い私」という考え方に関しては、15年もの長い間その状態が続いていたにも関わらず、たった1回の「疑い」を出したが故に、その「奇跡」や「魔法」の続いていた状態が崩れてしまったのです。

いや～、実にあの時は「もったいないことをした」と思いました。しかし、その後、ここからさらに学んだ私は、再び「火傷にめっぽう強い私」をすかさず取り戻したのですが……（笑）。

以前、この時の私の体験と実によく似た話をなにかの本で読んだことがあります。もしかしたら聖書の中の逸話かなにかなのかもしれませんが、ある時、湖だったか海だったかの上を歩くイエス様を見て、弟子たちは腰を抜かすほどにビックリ仰天していたのですが、その中でペトロという強気の弟子が「師よ、私もそちらに行かせてください」と、思い切って水面に足を出し、歩き始めたのだそうです。

するとしばらく行ったところで、ペトロはふと我に返って、いつもの常識的な自分に戻ってしまい、「水の上を歩くなんて、こんなことってあり得ない！」などと考えてしまったのです。そのとたん、彼は突然、溺れ始めてしまったのでした。そして、イエス様は彼にこう言ったのだそうです。「ペトロよ、なぜ君は疑うのか？」と……。

念のためにお断りしておきますが、私はキリスト教の信者ではありませんし、私はなにもここで「みなさんも火渡りの練習をしましょう」とか、「水の上を歩く訓練をしましょう」などと言うつもりはないのですが、要は**私たちの「創造力」とそれを「信じる心」「知る心」は、「私たちの常識」と呼ばれるようなものをはるかに超えた「奇跡」や「魔法」を起こすことが可能なのだ**ということです。

また、それと同時に「疑い」もひとつの思いであるが故に、「それに見合った結果」を自らにちゃ～んと招いてしまうということです。

人生「最大で最高の実験のチャンス」が到来!?

「引き寄せの法則」に初めて遭遇してから、かれこれ25年ほど……。この間、生まれて初めての「ビジュアライゼーション」による「アメリカ留学、パートナー、100万円を引き寄せた奇跡の3連発」や、先にお話しした「火傷にめっぽう強い私」など、様々な「奇跡」や「魔法」を現実化してきた私ですが、中でも「自分でもなにが起こったのかいまだにわからず、わかっているのは奇跡が起こると信じていたことだけ」という体験をここでご紹介しましょう。

それは、私が「乳癌《がん》」に直面してしまった時の話です。

今からかれこれ10年ほど前のことなのですが、ある日、当時飼っていた犬を抱きかかえていて、その犬の頭が私の右胸に当たった瞬間に、なにか「グリッ」という感触があったのです。「んっ？ なんなんだ？ 今の変な感触は……？」と思って、自分で触診してみたところ、右胸に大きなグリグリとした塊があったのです。ちなみに左胸もチェックしてみましたが、左胸にはそんなものはありませんでした。

医療関係者の友人に電話して聞いてみたところ、「念のために一度、病院に行って検査してもらったら？」ということだったので、「まあ、それはそうかもね？」と思った私は、近くの総合病院でさっそく検査してもらうことにしたのです。

すると、お医者様からいきなりビックリするような宣告を受けてしまいました。「悪性腫瘍です。今週中にでも全摘手術をしたほうがいいです」と……。

「なに……？　悪性腫瘍？　しかも、ちょっと切るとかじゃなくて右胸全部取っちゃうの⁇⁉」。すでに「引き寄せの法則」を知ってから10数年経っていた私でしたが、人生で初めて「癌」だと宣告されたものですから、さすがに少し慌ててしまいました。

でも、すぐに冷静になって、再び先の友人に結果報告も兼ねてもう一度電話してみたのです。すると、友人が「大学病院でセカンドオピニオン聞いてみたら？　大学病院の先生、紹介してあげるから」と言ってくれたので、また友人のアドバイスに従うことにしました。

それから数日後、今度は大学病院に出かけ、そこで追加の検査をまたひとつだけ受けることになりました。「最終の検査結果は1週間後に出ますので、また1週間後に来てください」とのことだったのですが、ただ、今度のお医者様も最初のお医者様と同じく、「申し訳ありませんが、ほぼ間違いなく悪性だと思われます」と最後におっしゃったのです。

ひとりのお医者様だけではなく、ふたりのお医者様から「悪性」という言葉を聞かされたので、またここで少しは慌ててしまったのですが、再びすぐに冷静になり、「私にはビジュアライゼーションがあるじゃない！　こんな肝心な時に使わないでどうするのよ？」と、ある意味、私にとって「最大で最高の実験のチャンス」が到来したかのようにも感じました。

「だって、今から最終結果が出るまでにまだ1週間もあるわよ！　1週間もあればなんとかなるでしょ？　しかも、そもそもこの状況だって私が創ったんでしょうから、今からまたどうにだって創り変えられるに決まってる！」と思ったのです。

乳癌が消えちゃった……???

家に帰ってから、「ここから私が望む最高の結果はなにか？」をいろいろ考え始めました。

そして、今日まさに大学病院の診察室を見てきたところだったので、「そうだ！　1週間後、あの診察室で先生が目を丸くしながらウンウンうなって、『どうしてだかまったくわかりませんが、悪性ではありませんでした』と、私に伝えてきているところにしよう！　そして、私が『ありがとうございます！　ありがとうございます！』と喜んでる場面がい い！」と考えたのです。

そして、その後、その場面をありありと「ビジュアライゼーション」しました。まるで「今、ここで」まさに起こっている事実かのごとく……。そして、強烈な喜びを発信しておいたのです。

後は1週間、ただひたすら安心して待ち続け、次の診察日を迎えました。

さて、診察室に入っていくと、先生が半信半疑な面持ちでいきなりこんなことを言ってきました。「あの～、実に不思議なんですけども、あなたの検査結果は白（つまり悪性ではない）だったんです。今だから本当のことを言いますけど、私は前回の時点で99パーセント間違いなく悪性だと確信していたんですけどね。ウ～ン」と……。

さすがにそこは診察室の中だったので万歳三唱こそしませんでしたが、私が「ありがとうございます！　ありがとうございます！」と繰り返しながら大喜びしたのは言うまでもありません。

そして、お医者様の顔を見ながら、心の中ではこうもつぶやいていました。「先生、ちょっと驚かせちゃって、ごめんなさいね！」と……（笑）。

実は、この話には後日談があって、先の医療関係者の友人が私にこんな興味深い話を聞かせてくれました。

たぶん、私が最終の診察結果を聞く前日のことだったのでしょう。私の担当のお医者様が、職場で顕微鏡を覗き込みながら「おかしいなぁ？　おかしいなぁ？」と何度も何度も首をひねっていたのだとか……。同僚の先生が「どうしたの？　なにがそんなにおかしいの？」と尋ねてみると、私の担当医の方が、「水谷さんって人よ！　私は完全に黒だと思ってたのに、検査結果はなぜか白なのよ。おかしいわよね～？」とおっしゃっていたのだとか……（私の友人は私の担当医の同僚の先生と知り合いでした）。

私は医学の専門家ではありませんので、いったいなにがどうなって、こういう結果になったのかについてはさっぱりわかりませんでしたが、とにかく「私の望んだ通りの最高の結果」を引き寄せることができたということだけは確かでした（笑）。

そして、私はこの件でさらにさらに確信したのです。**「やっぱり人間の創造力ってすごすぎる！　常識や人知を遥かに超えているものなんだ！」**と……。

いつも可能性に目を向け、より自由を、より幸せを求めましょう！

よくこんな話を耳にしませんか？

たとえば、昔は「人間は100メートル走るのに10秒を切ることなど絶対に不可能だ」などと固く信じられていて、それでもひとりの誰かが10秒を切って走ったとたん、その後、当のご本人（10秒を切って走った初めての人）もさらに速くなったり、または次から次へと10秒を切る人が現れて、世界記録がドンドン塗り変えられていくというような……。

もちろん、これは100メートル走に限ったことではなく、他の様々なスポーツでも同じようなことが起こっていると思います。

また、発明や科学の分野に目を向けてみても、たとえば、昔は「人間が月に行くことなどあり得ない！」と思われていて、それこそおとぎ話だったことでしょうが、ひとたび誰かが月に降り立ってみれば、今度は月よりもさらに遠い惑星を目指したり、他の惑星に住める可能性までもを探索してみたり……。

つまり、**実際に今まで「不可能だ！」と信じられていたことに誰かが挑戦し、「それは可能なことだったのだ」ということがひとたび証明されると、先にお話しした私たちの「脳のリミッター」が外れるのか、もしくは限界が拡大されて、多くの人々が「そうか！ そんなこともできるんだ！」と思い始めるのだ**と思います。

そして、追随した人々は「そもそもそれは可能なのだ」と知った上でそれに挑戦するので、次々とまた同じような結果が得られるのでしょう。

テレビなどで、時々「奇跡の体験」などを扱っている番組を見ることがありますよね？ 私のように「癌が消えてしまった」とか、「不治の病を完治した」とか、「大事故から無事生還した」などなど、普通では「そんなこと、あり得ない！」というような話が世界中にはいっぱいあります。

このような話を見聞きするたびに、私はいつも「ふ〜ん、こんな不思議なことってあるのかしらね？」などと思って片付けてしまうのではなく、「そうか！ まだ私にもこんなことができるかもしれないんだ！」と思ってうれしくなります。先に私の乳癌が消えた話をしましたが、私もずっと昔に癌が消えた人の体験談を本で読んだことがあったので、自分自身が乳癌に直面した時にとっさにそれを思い出し、「きっと私にもできる！」と思って臨んでいた記憶があります。

つまり、ここでなにが言いたいのかと言うと、**私たちが抱く夢や希望のほとんどは、自分にとってはとてつもなく大きかったり、「絶対不可能だ」と思うほど難しいことに見えているかもしれませんが、世界中を見渡してみれば、「すでに誰かがどこかでやったことがあること」に違いないのです。そして、少なくともこの世でたったひとりでも誰かが実現できたことは、あなたにも「絶対に可能だ」ということです**（本当は、誰もやったことのないような「奇跡」や「魔法」でも、「自分にはできる」と思っていただきたいくらいなのですが……）。

ここでまた「きっとその人は強運の持ち主だったに違いないわ」とか、「彼にはなにか、生まれながらの特別な才能があったのよ」などと、自分の可能性をさっさと否定したり、踏み潰したりするような愚《ぐ》は犯さないでくださいね。今までずっとお話ししてきたように、そんな「奇跡」や「魔法」を起こすことができた人々と同じ「創造力」を、あなたもちゃ～んと兼ね備えているのですから……。

ただ、その方々が他の人々と違っていたのは、自分の中の創造力を伸び伸びと発揮し、決して自分に「制限」や「限界」を設けることなく「自分にはそれがきっとできる！」と信じて挑戦したということだけです。

また、私は「奇跡の体験」などを放送するテレビ番組を見ること以外にも、成功者と呼ばれるような方々とお話しすることも大好きです。彼らとお話ししていると、よくこんな興味深い話が飛び交うからです。

たとえば、「2億円のドイツ製のクルーザーをキャッシュでポンと買って、カミさんに怒られちゃったんだよ（笑）！」とか、「今度買おうとしているマンションの価格？　ウ～ン、確か4億だったかしら？」などなど……。こんな話を聞いていると、「あっら～、私なんか、数十万や数百万で大騒ぎしているところを見ると、ホントにまだ小っちゃいわね～！　大変、大変！　まだまだ自分に限界を設けちゃってるのね？」などと、自分が無意識に設けてしまっている「限界」に気づくことができるからです。

また先日は「ビル・ゲイツ氏が1週間のバケーションで5億円使った！」などというニュースも見ましたが、こんな話を聞いては「1週間で5億円かぁ？　すっごいなぁ～！　私にもまだまだ果てしない可能性があるし、伸び代《しろ》も無限大ってわけね？」と、自分のまだ見ぬ可能性にうれしくなってしまうのです。もちろん、「そういう人たちとは住んでる世界が違うのよ！」などと、決して思ったりはしませんよ（笑）。

あなたもこれからは他の人々の「奇跡の体験談」「限界を見事に打ち破った話」「成功、偉業を成し遂げたストーリー」にもっともっと耳を傾け、決してそれらを「他人ごと」として終わらせるのではなく、「自分の中に潜んでいる無限の可能性を垣間見せてくれた人々の話」として思いっきり励みにし、自分の中の「限界」をさらにさらに広げるための英知とさせていただきましょう。

先にもお話しした通り、誰の賛同を得なくても、この世でたったひとり「あなた」さえ「それは可能だ」と思ったことは、「引き寄せの法則」によって本当に現実化するのですから……。

そして、**いつも、どんな時にも、常に「自分の無限の可能性」のほうにしっかりと目を見据え、より自由自在に自分と自分の人生と戯れ、もっともっと豊かでもっともっと幸せな人生を自らの手で伸び伸びと創り上げていきましょう！**

Epilogue

エピローグ

あなたの「創造力」で
明日はここまで変えられる！

その気になれば、人生なんていくらでも変えられるものなんです

先日、ある男性からこんなうれしいご報告を受けました。「数日後にドイツに旅立つことになったので、どうしても水谷先生にお知らせしておきたくって……。また落ち着いたらご連絡させていただきますが、本当にどうもありがとうございました。もう自分でも夢のようです！」と……。

実は40代のこの男性、私のコーチングの元クライアントの方なのですが、そもそも1年半ほど前に仕事をリストラされ、人生のなにもかにもがまったく上手くいかずに人生に絶望し、自ら命を断とうと決意されていたそうです。そして、「明日、電車に飛び込む！」と覚悟していた日に、昔からの友人からたまたま電話をもらい、「今晩ちょっと食事でもしないか？」と突然誘われたのだとか……。

「明日死ぬんだから、こいつにも最後に会って挨拶しとかなきゃな？」。そう思った彼は、友人に会うために出かけて行きました。すると、その友人が帰り際に「そうそう、面白い

本を見つけたから一回読んでみろよ！」と、ある本をプレゼントしてくれたのだそうです。実は、それが私の著書だったんだとか……。

そして、その日の晩、「まあ、暇つぶしにでも読んでみるか？」と思って本を読み進めていくうちに「えっ？　そうなのか！　人生ってこんなふうにできあがっていたのか！」と驚いた彼は、「もし、これが本当なら、この『引き寄せの法則』ってやつを試してみてから死んだって遅くはないんじゃないか？」と思い始め、自殺を思いとどまったのだそうです。彼曰《いわ》く、「1冊の本で人生が変わるなんて、それまでバカげてるとしか思わなかったんですが、それが自分の身の上に起こってびっくりです」と……。

その後、さっそく、彼は自分の人生の目標や夢を改めて考え始めました。「新しい仕事、パートナー、そして昔から憧れていたドイツに住むことだな」と……。同時に「ビジュアライゼーション」の練習にも取り組み、すぐにいろいろなモノの引き寄せに成功し始めました。

そして、瞬《また》く間に新しい仕事も見つかったそうで、ちょうどその頃、「一度、先生に直接お目にかかってお礼が言いたい」と、私のコーチングを受けに来てくださったのでした。

「先生！　この僕に、なんと20代の彼女ができちゃったんです！　しかも美人のドイツ人！　信じられます？」と、興奮した様子で次なるご報告を受けたのは、それから間もなくのことでした。

そして、先日、「彼女との結婚が決まり、自分も夢にまで見たドイツで暮らすことになりました」という素晴らしいお知らせを受けたわけです。

この方などは、私のクライアントのみなさんの中でも特に人生の劇的な変化を体験されたおひとりですが、実はこのように、**人生なんて、その気になれば「あっ」という間に変えられるものなのです。あなたが自分の中の「制限」や「限界」をとっとと取り払い、「自由で素晴らしい人生を生きるんだ！」「思い通りの人生を生きるぞ！」と決めてさえしまえば……。**

さあ、もっと幸せに、もっと情熱的に生きましょう！

街を歩けば、「生きてるんだか、死んでるんだか……」というような人々や、「楽しいんだか、楽しくないんだか……」と思ってしまうような方々で溢れ返っているような気がします。「元気溌剌」で「活き活き」として「それはそれは楽しそうに」人生を生きているのは、テレビの中に出てくるような「ほんの一握りの大人」と、そして子どもたちばかりです。

私たちは、ただこの世界に生まれ落ち、ち〜っとも面白くない仕事に就き、家庭や家といった体裁や体面だけを整え、人からどのように見られているかといつもビクビクしながら過ごし、毎日我慢に我慢を重ねながら、ただただ生きながらえるために人生を過ごしているわけでは決してないと思います。

……が、残念ながら、「自分はそもそも魔法使いのようなすっごい存在だったんだ」「自分の中に創造力という、奇跡や魔法をいとも簡単に起こせるようなすごい力を持っていたんだ」などということにまったく気づかなかったばかりに、多くの方々が自らをこのような自虐的な状況に陥れてしまってきたことを、本書をお読みいただいてご理解いただけたことと思います。

また、その生まれながらに兼ね備えている驚異的な能力、つまり「創造力」を自分にとって都合良く上手に使っていけば、人生なんて瞬く間に変わり、あなたの思うがままになっていくこともおわかりいただけたことでしょう。

そして、さらに**自分の中の「制限」や「限界」を取り除いていけばいくほど、ますます私たちは驚くべき力を発揮し、ますます自由自在になっていくものなのです。**

さあ、そうとなれば「もっと素敵な自分」と「もっと素晴らしい自分の人生」を、あなた自身の幸せのために伸び伸びと計画してあげましょう。「もっと魅力的な自分になりたいな」「もっと運がいい自分もいいな」「積極的な私も素敵かも？」「年に数回は海外旅行に行きたいな」「外国の方々と一緒に仕事したら楽しいかも？」と……。

このように、今後はできるだけ「自分をワクワクドキドキさせるようなこと」「自分を思いっきり楽しませたり、喜ばせたりすること」ばかりを考え、それをあなたの人生に次々と運んできてあげましょう。

もちろん、その方法は「ビジュアライゼーション」であったり、あるいは「新しい概念」をドンドン自分に受け入れていけばいいだけのことです。

あなたは本来、とっても素晴らしい存在であり、当然のことながら「もっともっと幸せになる価値」があります。これからはもっと自分自身を信頼し、自分の気持ちをもっと大切に扱い、「自分の幸せ」をもっと徹底的に追求し、人生をもっともっと情熱的に生きましょう！　だって、あなたには、それができる「力」があるのですから……。

面白いほど幸運を引き寄せる「創造力」の磨き方

ほんの小さな心がけひとつで、あなたの人生は思い通りになる！

2015年１月30日　第１版第１刷

著　者　水谷友紀子
発行者　清田順稔
発行所　株式会社廣済堂出版
〒104－0061　東京都中央区銀座3-7-6
電話03-6703-0964（編集）03-6703-0962（販売）
Fax 03-6703-0963（販売）
振替00180-0-164137
http://www.kosaido-pub.co.jp

印刷・製本　株式会社廣済堂

ブックデザイン　石村紗貴子
本文ＤＴＰ　株式会社明昌堂

ISBN978-4-331-51915-8 C0095